LA VIOLATION D'UN PAYS

COLLECTION

AUTREMENT MEMES

conçue et dirigée par Roger Little

Professeur émérite de Trinity College Dublin,
Chevalier dans l'ordre national du mérite, Prix de l'Académie française,
Grand Prix de la Francophonie en Irlande etc.

Cette collection présente en réédition des textes introuvables en dehors des bibliothèques spécialisées, tombés dans le domaine public et qui traitent, dans des écrits de tous genres normalement rédigés par un écrivain blanc, des Noirs ou, plus généralement, de l'Autre. Exceptionnellement, avec le gracieux accord des ayants droit, elle accueille des textes protégés par copyright, voire inédits. Des textes étrangers traduits en français ne sont évidemment pas exclus. Il s'agit donc de mettre à la disposition du public un volet plutôt négligé du discours postcolonial (au sens large de ce terme : celui qui recouvre la période depuis l'installation des établissements d'outre-mer). Le choix des textes se fait d'abord selon les qualités intrinsèques et historiques de l'ouvrage, mais tient compte aussi de l'importance à lui accorder dans la perspective contemporaine. Chaque volume est présenté par un spécialiste qui, tout en privilégiant une optique libérale, met en valeur l'intérêt historique, sociologique, psychologique et littéraire du texte.

« Tout se passe dedans, les autres, c'est notre dedans extérieur, les autres, c'est la prolongation de notre intérieur.»
Sony Labou Tansi

Titres parus et en préparation :
voir en fin de volume

Lamine Senghor

LA VIOLATION D'UN PAYS
et autres écrits anticolonialistes

Présentation de David Murphy

L'HARMATTAN

En couverture :
Photo de Lamine Senghor en orateur à poigne
prise lors du Congrès inaugural de La Ligue contre l'impérialisme
à Brussels, février 1927, et publiée dans les actes du Congrès :
Das Flammenzeichen vom Palais Egmont : Offizielles Protokoll des Kongresses gegen koloniale Unterdrückung und Imperialismus. Brüssel, 10-15 Februar 1927, Berlin : Neuer Deutscher Verlag, 1927, p. 114.

5-7, rue de l'École-Polytechnique, 75005 Paris

http://www.librairieharmattan.com
diffusion.harmattan@wanadoo.fr
harmattan1@wanadoo.fr

ISBN : 978-2-336-00228-6
EAN : 9782336002286

INTRODUCTION

par David Murphy

vision de l'Africain s'était transformée pendant la guerre : le bon tirailleur, ce « grand enfant », remplaça le « sauvage » dans l'imaginaire français. Mais Lamine Senghor révèle un nouveau visage au public français, celui du tirailleur radicalisé par ses expériences qui se lance dans un combat contre les injustices du système colonial, tout le contraire du tirailleur fidèle à la France présenté dans *Force-Bonté*, le livre autobiographique d'un autre ancien tirailleur, Bakary Diallo, publié en 1926[1].

Le procès Diagne-*Les Continents* oppose les deux hommes noirs les plus connus en France. D'un côté, on retrouve Blaise Diagne, sans doute le personnage noir français le plus éminent et le plus puissant de l'époque ; premier député noir du Sénégal (élu en 1914, mettant fin à plus de quarante ans de domination de la part des communautés blanches et métisses), il est chargé fin 1917 par le gouvernement français de recruter des tirailleurs en Afrique Occidentale Française (AOF), mission qui lui gagne une grande réputation et en France et en Afrique (où pour la première fois, un homme Noir occupe une position égale et parfois supérieure aux Blancs). En face de lui se retrouve le romancier guyanais, René Maran, lauréat du Prix Goncourt en 1921 pour son roman *Batouala* qui fit scandale avec sa préface dénonçant les injustices du colonialisme français en Afrique Centrale.

Senghor et d'autres parlent souvent de 500.000 soldats et de 100.000 morts (voir p. 61). De nos jours, les historiens s'accordent sur le nombre de décès (voir Marc Michel, *Les Africains et la Grande Guerre : l'appel à l'Afrique (1914-1918)*, Paris : Karthala, 2003), mais un débat hargneux fait rage toujours pour ou contre l'affirmation que les tirailleurs sénégalais servirent de troupes de choc.

[1] Bakary Diallo, *Force-Bonté* [1926], Dakar : Nouvelles éditions africaines, 1985. Cette image est maintenue en vie par le « rire Banania » et dans des romans « nègres » issus de la plume d'écrivains français tels que Jean et Jérôme Tharaud ou André Demaison. Voir, respectivement : J. et J. Tharaud, *La Randonnée de Samba Diouf*, Paris : Fayard, 1922 ; A. Demaison, *Diato, roman de l'homme noir qui eut trois femmes et en mourut*, Paris : Albin Michel, 1923.

En réalité, peu sépare Diagne et Maran en termes de leur foi en la mission civilisatrice de la France et la nécessité de l'assimilation des peuples noirs à la culture française. Mais, le rôle de l'homme politique dans le recrutement de soldats africains pour servir dans les tranchées de la première guerre mondiale lui crée des ennemis intarissables parmi une frange de la communauté noire en France : les promesses non tenues par rapport à l'élargissement des droits et l'accès à la citoyenneté pour les « sujets » africains, ainsi que le rapprochement, en 1923, de Diagne avec le parti colonial pour des raisons électorales, sont autant de signes pour ses ennemis de la mauvaise foi de sa campagne de recrutement au début de 1918[1]. Or, c'est dans ce contexte que Diagne est accusé dans un article non signé des *Continents* du 15 octobre 1924 (mais revendiqué plus tard par Maran) d'avoir reçu « une certaine commission par soldat recruté » (Annexe 5, p. 109). De telles accusations avaient déjà paru dans divers journaux français – *L'Humanité*, l'organe du parti communiste français (PCF), toujours prêt à rouvrir les plaies de ses ennemis, republie le texte de Maran le matin où commence le procès (Annexe 5, p. 111-112) – mais Diagne, indigné, semble voir dans les déclarations d'un journal « noir » un danger pour sa réputation de défenseur des peuples noirs, ce qui l'incite à traîner *Les Continents* (qui sera représenté par

[1] Blaise Diagne se rend en AOF au début 1918 pour sa tournée de recrutement avec le rang de Haut-Commissaire de la République et jouit de tous les honneurs dus à un haut responsable de l'État français. C'est la première fois que beaucoup d'Africains voient un des leurs traités avec autant de respect par des blancs, ce qui ne fait qu'ajouter au renom du parlementaire sénégalais. Mais, en 1923, il signe le fameux « pacte de Bordeaux » qui protège les intérêts au Sénégal des grandes maisons de commerce bordelaises afin d'assurer sa réélection. Voir G. Wesley Johnson, *Naissance du Sénégal contemporain : aux origines de la vie politique moderne, 1900-1920*, traduit de l'anglais par François Manchuelle, Paris : Karthala, 1991 ; et Amady Aly Dieng, *Blaise Diagne, député noir de l'Afrique*, Paris : Chaka, 1990.

Maran et Jean Fangeat, le jeune éditeur français du journal[1]) devant les tribunaux.

Les Continents représente la tendance assimilationniste au sein des mouvements noirs de l'époque ; le journal dénonce les méfaits du colonialisme et incite les autorités françaises à tenir les promesses de la mission civilisatrice. Son anticolonialisme n'a pas pour but l'indépendance des colonies mais la réforme du système colonial et il s'aligne donc parfaitement sur les positions de la gauche française représentée par la SFIO (Section française de l'internationale ouvrière) et la Ligue des droits de l'Homme. En fait, Félicien Challaye, l'un des plus puissants orateurs de la Ligue, témoigne lui aussi en faveur des *Continents* lors du procès ; ses opinions réformatrices sont le sujet de remarques ironiques dans le compte rendu de *L'Humanité* (Annexe 5, p. 114)[2].

En cette fin 1924, Lamine Senghor est militant depuis quelques mois au sein de l'Union Intercoloniale (UIC), organisme créé en 1921 par le PCF. Quoique présenté comme un organisme indépendant mené par les peuples colonisés, l'UIC est en réalité sous le contrôle du Comité d'études

---

[1] La Ligue Universelle de Défense de la Race Nègre fut fondée par Kojo Tovalou Houénou, personnage hors du commun, qui se fit passer pour un prince héritier dahoméen, descendant du mythique roi Béhanzin (il est en réalité fils d'un marchand prospère). Défenseur inconditionnel de la mission civilisatrice de la France, Houénou se lance dans l'activisme « noir » suite à une agression de la part de trois touristes américains dans une boîte de nuit parisienne en 1923. Il développe une idéologie hétérodoxe qui mélange un profond assimilationnisme et une admiration pour le succès de Marcus Garvey et son « United Negro Improvement Association » (UNIA), alors à son zénith, qui prône le « retour à l'Afrique (Back to Africa) ». Houénou part aux États-Unis vers le milieu de 1924 pour rencontrer son héros politique, et pendant son absence, *Les Continents* est animé principalement par Maran et Fangeat.

[2] Challaye est l'auteur d'une remarquable dénonciation du colonialisme : *Souvenirs sur la colonisation* [1935], rééd. sous le titre *Un livre noir du colonialisme : « Souvenirs sur la colonisation »*, Paris : Les Nuits rouges, 1998.

coloniales du PCF. L'UIC dénonce le colonialisme avec une violence peu commune pour l'époque, mais le terme « indépendance » est rarement utilisé dans les colonnes du *Paria*, son journal – qui est un vrai brûlot – et sur le fond, ses critiques des excès du colonialisme rejoignent celles des *Continents* et d'autres journaux réformistes. Ce qui prête une dimension plus menaçante aux actions de l'UIC, c'est la position résolument anti-impérialiste de l'Internationale Communiste (dite le Komintern) de 1920, et notamment après son Ve Congrès en 1924 qui déclare le communisme ami des mouvements indépendantistes. Il faut souligner également qu'il s'agit de la première tentative de créer un front « transcolonial » qui réunirait des militants de toutes les colonies ; et l'union des colonisés sous la bannière du Komintern ne plaît pas du tout aux autorités coloniales qui ont tendance à voir la menace « rouge » derrière tout appel à la réforme du colonialisme : comme le dit Albert Sarraut, Ministre des Colonies dans un célèbre discours de 1927 : « *le communisme, voilà l'ennemi* » (Annexe 10, p. 140). Même si l'on a de bonnes raisons de douter de la bonne foi des communistes en ce qui concerne le monde colonial, le communisme du milieu des années 1920 est le seul mouvement politique qui soutient des appels pour l'indépendance immédiate de toutes les colonies : aux yeux des autorités, l'UIC représente de la sorte la faction révolutionnaire de l'anticolonialisme en France.

Pourquoi donc le jeune communiste sénégalais, Lamine Senghor, prend-il la défense d'un journal « bourgeois » et réformiste ? En 1924, le PCF (comme le Komintern) qui oscille entre un absolutisme idéologique et des périodes plus pragmatiques, semble y voir la possibilité de radicaliser le mouvement « noir ». Comme le souligne Philippe Dewitte, le grand historien des mouvements « nègres » dans l'entre-deux-guerres, le procès Diagne-*Les Continents* crée un nouveau « front » contre le système colonial :

> Sans aucun doute, l'affrontement des deux hommes politiques nègres les plus célèbres de France (Maran et Diagne), favorise un début de rapprochement entre révolutionnaires et réformistes coloniaux. La gauche toute entière, communistes compris, se retrouve dans le prétoire contre le « parti » colonial[1].

Ce front ne dure que quelques années, mais c'est dans ce contexte d'une grande coalition des forces opposées au colonialisme que se situe l'action de Lamine Senghor.

Fangeat et Maran perdent le procès mais l'incident marque un profond changement dans la perception de Diagne : perçu auparavant comme un héros par beaucoup de Noirs qui virent en lui un défenseur de sa race et le modèle même des promesses de l'assimilation, il devient pour certains un traître à la cause noire. Le PCF et les mouvements noirs se font un malin plaisir de se moquer du député du Sénégal qui se voit systématiquement traité de « nègre blanc » ou de « négrier » (voir p. 70-72 ; voir aussi Annexe 5). Lamine Senghor et ses alliés communistes voient dans cette lutte contre un ennemi commun (Diagne) la possibilité de créer une nouvelle politique « noire » beaucoup plus radicale. Évidemment, il est paradoxal que la haine exprimée envers un chef noir (celui qui avait, de plus, organisé le Congrès Panafricain à Paris en 1919) devienne une force unificatrice pour les mouvements noirs radicaux de l'époque. En réalité, de telles manœuvres deviendront communes dans la politique (trans)-nationale noire du vingtième siècle, les pionniers d'une génération décriés comme des « Oncle Tom » par les générations suivantes. Comme nous le verrons, quand Lamine Senghor lui-même lance un mouvement noir en 1926, son organisme se décrit souvent comme « la jeunesse nègre », leur position radicale se calquant sur une rupture générationnelle avec des leaders noirs plus âgés et plus conservateurs.

---

[1] Philippe Dewitte, *Les Mouvements nègres en France 1919-39*, Paris : L'Harmattan, 1985, p. 91.

Senghor écrit un compte rendu du procès dans son premier article pour *Le Paria*[1]. Il y exprime la position du PCF qui prétend que l'impérialisme est (d'après Lénine) « le stade suprême du capitalisme » : Diagne serait un « commis recruteur, l'agent de liaison entre le vendeur d'esclaves (les chefs indigènes de l'AOF) et l'acheteur (la France impérialiste) : marché de chair à canon pour la guerre de la civilisation » (« Un procès nègre », p. 33)[2]. À cette analyse d'inspiration communiste, il faut ajouter un humanisme antimilitariste. En effet, pendant sa courte carrière de militant, Lamine Senghor soulignera à tous les pas son expérience traumatisante pendant la guerre ; et le fait d'avoir combattu pour la France rend plus difficile des tentatives officielles de faire de lui un « subversif ». (Il est fort probable que le PCF choisit de promouvoir Senghor au sein de l'UIC justement grâce à son parcours militaire.) Ici le militant sénégalais rejoint des figures de proue du communisme français tels que Paul Vaillant-Couturier, rédacteur en chef de *L'Humanité* (il écrira plus tard la préface à *La Violation d'un pays* de Lamine Senghor) qui militait d'abord au sein de l'Association Républicaine des Anciens Combattants, organisme férocement antimilitariste (et étroitement lié au PCF), avant d'exprimer ses mêmes sentiments à travers le communisme :

> Au lieu de s'attarder à prouver à combien de centimes près le grand négrier touche par tête de Sénégalais qu'il recruta, il aurait fallu faire passer devant lui toute une procession d'aveugle[s], de mutilés. […]
>
> Toutes ces victimes lui auraient craché à la face toute l'infamie de la mission qu'il avait accomplie. (« Un procès nègre », p. 33-34)

---

[1] Malheureusement on n'a pas accès aux paroles précises prononcées par Lamine Senghor lors de son témoignage puisque le procès-verbal du procès Diagne-*Les Continents* fut perdu dans un incendie aux archives de la Ville de Paris dans les années 1970.

[2] L'article n'est pas signé mais le texte parle de « notre déposition », ce qui indique clairement que l'auteur en est Lamine Senghor.

montrerons ci-dessous, sa courte carrière de militant constitue une tentative d'élaborer un discours ouvert à la fois à l'oppression économique et à l'oppression raciale.

À sa mort en 1927, Lamine Senghor laisse peu de traces tangibles de ses trois années de militantisme : ses écrits avaient paru dans des journaux éphémères ; ses discours qui semblent, d'après les comptes rendus de l'époque, avoir eu un grand effet sur le public qui assistait aux meetings communistes et/ou anticolonialistes, furent rarement édités par la suite ; les groupes de militants auxquels il appartenait finirent par s'éclater en disputes internes. Même son texte le plus connu, *La Violation d'un pays*, fut publié dans une petite édition avec un tirage probable de seulement 2.000 à 3.000 exemplaires, et ne paraîtra pas dans les premières tentatives de tracer l'émergence d'une « littérature » africaine de langue française : la génération d'étudiants noirs qui débarquent en France à partir de la fin des années 1920 – Léopold Senghor et Aimé Césaire étant les plus connus – ignore tout de son existence.

Ironie de l'histoire, c'est grâce au travail des agents du Service de Contrôle et d'assistance aux indigènes (CAI) du Ministère des Colonies que les historiens peuvent suivre les traces de son militantisme. Dans les archives coloniales à Aix-en-Provence et aux Archives Nationales du Sénégal, on peut consulter les rapports des agents du CAI qui fournissent un compte rendu (partial et partiel) des activités des militants noirs de l'entre-deux-guerres, dont Lamine Senghor. Dans ces mêmes archives, on retrouve une collection quasi complète des journaux des organisations noires et/ou anticolonialistes de cette période, ce qui nous permet de rassembler ici les écrits épars du militant sénégalais.

Or, la carrière de Lamine Senghor mérite d'être mieux connue d'abord par ceux qui souhaitent tracer l'histoire intellectuelle et politique des Noirs en France, domaine où il joua un rôle indéniable de pionnier ; mais aussi par ceux qui veulent élaborer une histoire plus complexe de la pensée anticolonialiste de l'entre-deux-guerres[1]. En effet, au cours de la dernière décennie, plusieurs textes importants accordent une place importante à Lamine Senghor : dans son histoire de la pensée postcoloniale, Robert Young fait de Senghor un précurseur du *tricontinentalisme* de l'époque des décolonisations après la deuxième guerre mondiale ; et Pap Ndiaye, dans son livre phare sur *La Condition noire* en France, situe l'action du militant sénégalais au sein de l'histoire négligée de la « présence » noire en France. Lamine Senghor trouve une place même dans des textes populaires comme le beau-livre de Pascal Blanchard *et al.* sur *La France noire* (et le documentaire télévisuel qui l'accompagne, *Noirs de France*)[2]. Certains historiens reconnaissent depuis longtemps l'importance de Senghor – par exemple, Jean-Pierre Biondi, Philippe Dewitte, Olivier Sagna et le Front Culturel Sénégalais[3] – et nous n'aurions pas pu préparer ce livre sans les recherches précieuses de ces auteurs. Dans le domaine des études littéraires et culturelles, la situation est plus floue : c'est grâce seulement aux écrits d'une poignée de critiques littéraires qui ne confondirent pas un manque relatif de qualité littéraire avec un manque d'intérêt intellectuel qu'on retint la contribution de Lamine Senghor aux débats intellectuel et culturel.

[1] Un travail comparable se fait dans d'autres pays européens, par exemple au Pays Bas, où l'on redécouvre les écrits de l'anticolonialiste Anton de Kom, auteur de *Nous, esclaves du Surinam* (1934). Voir Kim Andringa, « *Nous, esclaves du Surinam* : une critique surinamienne du capitalisme colonial néerlandais », *in* Yves Clavaron et Jean-Marc Moura (éds), *Les Empires de l'Atlantique, XIXe-XXIe siècles*, Bécherel : Les Perséides, 2012, p. 211-222.

[2] Robert Young, *Postcolonialism : An Historical Introduction*, Oxford : Blackwell, 2001 ; Pap Ndiaye, *La Condition noire : essai sur une minorité française*, Paris : Calmann-Lévy, 2008. Pascal Blanchard *et al.*, *La France Noire : trois siècles de présences*, Paris : La Découverte, 2011. Pascal Blanchard et Juan Gélas, *Noirs de France : de 1889 à nos jours: une histoire de France*, DVD, Cie des Phares et Balises, 2012.

[3] Voir *infra* la Bibliographie sélective, p. lxvii-lxxi.

Cette édition critique de ses écrits est donc construite sur les bases jetées par Robert Cornevin, Martin Steins, Papa Samba Diop, Guy Ossito Midiohouan, Christopher L. Miller, Robert Young, Brent Hayes Edwards, pour enfin faciliter l'accès aux écrits du militant sénégalais[1]. Nous publions ici ce que nous pensons être l'intégralité des écrits existants de Lamine Senghor, *La Violation d'un pays* (1927) ainsi que ses articles et discours de la période 1925-27[2].

Évolution idéologique et repères biographiques

Dans la suite de cette introduction, nous suivrons les grands traits de l'évolution de la pensée de Lamine Senghor avant de revenir sur son héritage intellectuel dans notre conclusion. Dans un premier temps, nous traiterons de sa période « communiste », c'est-à-dire entre fin 1924 et début 1926, période pendant laquelle il était membre du comité exécutif de l'Union Intercoloniale et où il écrivait régulièrement pour *Le Paria.* Dans un deuxième temps, nous traiterons de l'internationalisme panafricain qui marque la fin de sa vie lors de la création du Comité, puis de la Ligue, de Défense de la Race Nègre et de leurs journaux respectifs, *La Voix des nègres* et *La Race Nègre.* Une telle structure simplifie sans doute la complexité de ses idées mais nous aidera à mieux comprendre les enjeux de ces deux démarches politiques et la façon complexe dont elles s'entrecroisent. En effet, entre 1924 et 1927, Lamine Senghor est à la fois un *militant nègre* et un *nègre militant* ; son communisme est marqué par son expérience vécue de « nègre » et son panafricanisme est empreint d'un mépris pour toute forme d'oppression dans un monde qu'il juge dominé par le capitalisme impérialiste (terrain qu'occupaient aussi les « anticolonialistes » français

---

[1] Voir notre Bibliographie sélective.

[2] Au cours de nos recherches, nous n'avons retrouvé aucun exemplaire du 2e numéro de *La Race nègre* (juillet 1927) auquel LS aurait probablement contribué.

de l'époque : André Gide, Albert Londres, Andrée Viollis, André Malraux et beaucoup d'autres, mais Lamine Senghor va plus loin en cherchant à promouvoir l'indépendance comme but du mouvement anticolonialiste).

Avant d'entamer une discussion de la courte période militante des trois dernières années de sa vie, essayons de dresser un portait de la vie de Lamine Senghor entre 1889 et 1924[1]. Qui est au juste ce jeune Sénégalais qui débarque sur la scène politique en novembre 1924 ? On a peu de renseignements fiables sur la vie de Lamine Senghor avant le procès Diagne-*Les Continents*. D'après le chercheur sénégalais, Olivier Sagna (qui entreprit une enquête profonde des sources « orales » afin de combler le manque de renseignements « documentés »), Senghor serait né en septembre 1889 (le 15 septembre d'après le Front Culturel Sénégalais) à Joal en Sine (où naîtra en 1906 son homonyme Léopold Sédar Senghor[2]), la région des Sérères, au sud-est de Dakar. D'après d'autres sources, il serait né à Kaolack (dans sa nécrologie de Senghor, son collègue Tiémoko Garan Kouyaté, le qualifie de « Sérère de Kaolack » : Annexe 11, p. 146) ou même à Dakar. Lamine Senghor lui-même semble avoir cherché à brouiller les pistes sur ses origines sans doute pour ne pas attirer l'attention des autorités sur sa naissance en dehors des quatre communes, ce qui lui aurait fait perdre son statut de citoyen. Nous reviendrons sur les questions complexes autour de son statut juridique.

D'après Sagna, Lamine Senghor serait « issu d'une modeste famille paysanne. Il grandit jusqu'à l'âge adulte dans les campagnes du Sine, cultivant la terre comme l'ont fait

[1] Nous préparons actuellement une biographie de Lamine Senghor qui donnera de plus amples détails sur sa vie : *Lamine Senghor : A Biography* (Londres : Verso, à paraître en 2013).

[2] D'après certaines sources, Lamine Senghor et Léopold Sédar Senghor seraient des cousins lointains. Voir Christopher L. Miller, *Nationalists and Nomads : Essays on Francophone African Literature and Culture*, Chicago : University of Chicago Press, 1998, p. 217.

avant lui des générations et des générations de paysans sérères »[1]. Vers 1912, il s'installe à Dakar où il travaille d'abord comme boy, puis trouve un poste d'employé de bureau pour la maison commerciale bordelaise Maurel et Prom. Lorsqu'éclate la Guerre de 1914-18, le jeune homme est mobilisé et il sert sous les couleurs de la France entre 1916 et 1919. On ne connaît pas la date précise de sa mobilisation, mais « en 1916, on retrouve sa trace dans les rangs du 68e bataillon des Tirailleurs sénégalais » qui participe à La Bataille de la Somme entre juin et octobre 1916 (Sagna, p. 306). L'année suivante, on retrouve son bataillon au front pendant la désastreuse offensive Nivelle ; lors des combats Lamine Senghor est blessé et évacué. Puis, en septembre-octobre 1917, le 68e bataillon des tirailleurs sénégalais occupe un secteur dans la région de Verdun ; pendant cette période, la 4e compagnie du bataillon, à laquelle appartient Senghor, est décimée à la suite d'une attaque au gaz moutarde. C'est sans doute à cette occasion que le futur militant est lui-même gazé ; gravement atteint aux poumons, le Sénégalais survit, mais sa santé est affaiblie et il souffrira de la tuberculose jusqu'à sa mort dix ans plus tard. L'armée reconnaît son courage en lui attribuant la Croix de Guerre et il est promu sergent.

Avant leur démobilisation, les régiments de tirailleurs sont regroupés dans la petite ville méditerranéenne de Fréjus (ils y passent aussi leurs périodes de repos et de convalescence pendant l'hiver – l'armée pense que ses soldats africains ne peuvent supporter les combats dans le froid de l'hiver)[2], et Lamine Senghor y aurait rencontré semble-t-il sa future

[1] Olivier Sagna, *Des pionniers méconnus de l'indépendance : Africains, Antillais et luttes anticolonialistes dans la France de l'entre-deux-guerres (1919-1939)*, Thèse de doctorat, Paris 7 (1986), p. 305.

[2] C'est à Fréjus que Lucie Cousturier découvre ses fameux « inconnus » noirs, des tirailleurs sénégalais qui passent chez elle pour apprendre à écrire le français. Voir Lucie Cousturier, *Des inconnus chez moi* [1920], présentation par Roger Little, Paris : L'Harmattan, 2001.

épouse, Eugénie Comont. On ne connaît pas la date précise de sa démobilisation, mais Lamine Senghor serait rentré au Sénégal en 1919. Peu après son retour, il « entreprend les démarches nécessaires pour obtenir la citoyenneté française » (Sagna, p. 308). À cette époque, il suffit que deux témoins jurent devant un juge que l'intéressé soit bien né dans une des quatre communes du Sénégal (Saint-Louis, Gorée, Rufisque, Dakar) pour que la citoyenneté soit accordée. Senghor trouve les témoins sans difficulté et, le 13 juillet 1920, un jugement supplétif du tribunal de Dakar lui attribue le statut de « citoyen »[1]. Pourquoi Lamine Senghor choisit-il de faire une telle démarche ? Il y aurait d'abord des raisons pécuniaires : « lorsqu'il se présente devant la commission de réforme le 30 septembre 1920, il obtient une pension d'invalidité de 30 % à titre français, ce qui est nettement plus avantageux que s'il était resté *indigène* » (Sagna, p. 309). Peut-être aussi devient-il citoyen afin de faciliter son éventuel retour en France pour retrouver Eugénie Comont, ce qui était beaucoup plus facile pour un citoyen que pour un sujet. Or, en août 1921, Lamine Senghor retourne en France : il se marie, s'installe à Paris et devient facteur (les PTT ont des « postes réservés » pour les anciens combattants). Il semble que Senghor ait projeté de rentrer au Sénégal avec sa jeune famille (il est père de deux enfants, un garçon, Diène, et une fille, Marianne) mais les moyens lui font défaut. D'après certaines sources, Senghor aurait assisté à des cours à la Sorbonne, mais il n'en existe aucune preuve concrète : il semble que cette idée se soit répandue dans les écrits des ennemis du mouvement « nègre » pour qui l'éducation était source de l'« aliénation » des militants[2].

---

[1] En 1925, les autorités coloniales à Dakar lancent une enquête sur le statut civil de Lamine Senghor. Voir Rapport de la police municipale de Dakar, le 25 septembre 1925 : ANS 13G 30 (17).

[2] Sagna y voit la main de Coty et Gautherot (voir Bibliographie sélective), deux anticommunistes viscéraux, pour qui communiste égale intellectuel (Sagna, p. 315-316).

domaine des militants est presque exclusivement masculin et parfois très macho avec des disputes qui se terminent en bagarres[1].

En février 1925, le PCF ouvre les portes d'une École Coloniale (à la Maison des Syndicats du 19e arrondissement à Paris) qui dispense des cours du soir aux « coloniaux » de l'UIC afin d'améliorer leurs connaissances de l'idéologie communiste[2]. Les cours n'attirent pas l'assistance escomptée et ne durent que quelques mois, mais Lamine Senghor est un des étudiants les plus assidus, et ses écrits pour *Le Paria* portent l'empreinte de cette formation idéologique : en gros, les mouvements nationalistes anticolonialistes ne seraient que le prélude d'une révolution prolétaire à l'échelle mondiale. Cependant, comme nous le verrons plus loin, l'anticolonialisme de Senghor revêt toujours une forme hétérodoxe par rapport à l'idéologie communiste. Le plus important (comme pour Nguyen/Ho Chi Minh avant lui), c'est la tentative d'imaginer un discours anticolonialiste qui réunirait tous les colonisés : l'orthodoxie communiste compte bien moins que la solidarité entre colonisés. Or, puisque c'est le système « global » de l'impérialisme qu'il faut combattre, pendant toute l'année 1925, Senghor soutient un front transcolonial pour combattre l'impérialisme européen. Ce front transcolonial s'exprime de plusieurs façons. Dans un article du *Paria*, publié en mai 1925, intitulé « la Solidarité prolétarienne entre Européens et indigènes », Senghor évoque une grève qui avait réuni Européens et Africains dans un front commun contre les employeurs. Ici, Senghor, en bon communiste,

---

soit Bloncourt qui rédige ses discours et ses articles. Voir Annexe 4, p. 107.

[1] Dans son excellent livre, *Colonial Metropolis* (University of Nebraska Press, 2010), Jennifer Anne Boittin explore ce monde masculin et trace la présence des quelques femmes qui contribuèrent de façon importante mais peu reconnue au mouvement anticolonialiste.

[2] Voir Annexe 6, p. 117-120 pour deux exemples des cours dispensés à l'École Coloniale du PCF.

souligne l'importance de la solidarité de classe par-dessus toute autre considération :

> Le capitalisme colonial a subi un échec qui lui a été infligé par le personnel de la ligne de chemin de fer Dakar-Saint-Louis, sous la forme d'une magnifique grève de quatre jours.
>
> [...] Par une conscience admirable de classe, les Européens refusèrent [une proposition du gouverneur augmentant seulement les salaires des Européens] et, se solidarisant avec l'élément indigène, ils décidèrent la grève générale sur toute la ligne.
>
> [...] Nous tenons à signaler ce fait particulier, car c'est la première fois que nous voyons les exploités européens des colonies se solidariser d'une façon admirable avec les indigènes de pays opprimés. (p. 34-35)

Cette image utopique d'une fraternisation sur la base des intérêts de classe trouvera sa plus nette expression dans la conclusion de *La Violation d'un pays*, deux ans plus tard (p. 29-30).

Pour la plupart des Africains sous domination coloniale, la possibilité de former un syndicat afin de protéger leurs droits est inexistante. En dehors des quatre communes du Sénégal, le régime de l'indigénat gère les relations entre colonisateurs et colonisés, et le travail forcé est une menace permanente pour tout sujet colonisé. Dans un autre article du *Paria*, Lamine Senghor dénonce les tentatives de réformer ce qui est au fond un « système esclavagiste » :

> [O]n lit dans le *Journal Officiel* un décret dit « de réglementation du travail indigène en A.O.F. » Ce décret n'est, en réalité, qu'une façon de livrer les pauvres indigènes sans défense entre les mains des colons exploiteurs, de les attacher au cou avec la corde d'un contrat. Les malheureux ne pourront comprendre à quoi le contrat les engage, par la simple raison qu'ils ne savent ni lire ni écrire le français parce que ce n'est pas l'intérêt du colonialisme d'instruire des hommes qu'il veut exploiter jusqu'à la dernière goutte de leur sang. (« En Afrique Occidentale Française – Le travail forcé pour les indigènes », p. 39-40)

De plus, le nouveau décret prévoit des sanctions contre « les indigènes tant soit peu instruits et les rares Européens encore honnêtes malgré leur séjour aux colonies » qui tenteraient d'avertir les signataires de ces contrats sur ce qui les attend. En dénonçant cette injustice, l'ancien tirailleur ne manque pas de rappeler à son lectorat la « dette du sang » et les promesses non tenues aux peuples colonisés. Le sacrifice des tirailleurs qui participèrent à la guerre devait mettre fin au travail forcé et d'autres injustices sociales :

> C'est ça la reconnaissance de « la Mère patrie » envers ses enfants « chair à canon » de 1914 à 1918, ça, sous le règne Painlevé, en souvenir des 6.000 nègres sacrifiés en 3 jours ; les 16, 17 et 18 avril 1917 au Chemin des Dames ! C'est ça la réalisation des promesses prodiguées par les recruteurs Diagne et Angoulvant en 1917-18 ? (p. 40)

De plus, au lieu de récompenser les soldats africains pour leurs sacrifices pendant la Guerre de 1914-18, on les envoie se battre dans des guerres coloniales au Maroc et en Syrie « où l'armée française est composée de 75 % de nègres » ; et pour « ceux qui échapperont à la mort » on ne prépare que « cet honteux esclavage » [*sic*], qui est le travail forcé.

Tout en critiquant le système colonial de façon globale, Senghor réserve une hargne particulière pour les parlementaires noirs qui servent de caution à cette pratique indéfendable : « Mon Dieu ! serait-ce qu'il n'y eût plus à la Chambre un député nègre dont la conscience ne soit achetée ? La parole est aux parlementaires nègres ! Quant aux nègres tout court, ils sauront ce qu'ils ont à faire » (p. 40). Senghor vise ici l'électorat noir des « vieilles colonies » en révélant la « vraie » face de leurs parlementaires[1]. De plus, cette évoca-

---

[1] Blaise Diagne défend les intérêts de ses électeurs, les citoyens français des quatre communes du Sénégal, qui échappent au régime de l'indigénat et du travail forcé. Au début de sa carrière, il semble vouloir répandre les droits des citoyens sénégalais aux autres Africains, mais vers la fin de sa vie, il défendra activement le travail forcé

tion des « nègres tout court » est un exemple précoce de la façon dont le militant sénégalais tentera plus tard de former une identité noire militante autour du terme « nègre ». Le « nègre » est celui qu'on exploite, qu'on méprise ; or, une élite noire essaie de s'en distinguer en montrant son assimilation à la culture « blanche » : au contraire, Senghor incite tous les Noirs à se solidariser, puisque pour le monde blanc ils sont tous « nègres ».

La dernière facette de la solidarité transcoloniale évoquée dans les écrits de Lamine Senghor pour *Le Paria*, c'est la volonté de soutenir tous les mouvements indépendantistes. Vers la fin 1924, suite à une critique particulièrement sévère de la part du secrétariat du Komintern, le PCF remanie ses structures anti-impérialistes : le comité d'études coloniales cède la place à la commission coloniale centrale, et son titre est révélateur de la structure hiérarchique préconisée par ce remaniement. Début 1925, la commission coloniale centrale est présidée par Jacques Doriot, militant hyperactif issu des Jeunesses Communistes. Cette même année, le PCF se lance enfin dans une campagne anticoloniale d'une grande envergure et place les militants « coloniaux » de l'UIC au cœur de ses activités. Ce sont la guerre du Rif au Maroc et la résistance des soldats d'Abd el Krim face aux armées espagnoles et françaises qui sont les grandes causes sans cesse évoquées par le PCF et l'UIC tout au long de cette année charnière de l'anticolonialisme d'inspiration communiste en France. Doriot voit dans la campagne contre la guerre du Rif l'occasion de radicaliser le prolétariat sur les questions coloniales. Il ne présente pas le soutien communiste comme une démarche stratégique pour créer un front anticolonial entre nationalistes et communistes. Au contraire, on prétend qu'Abd el-Krim mène une lutte « populaire » contre les

---

devant le Bureau International du Travail à Genève. Voir sa préface au livre de Charles J. Fayet, *Travail et Colonisation*, Paris : Librairie Générale de Droit et de Jurisprudence, 1931, p. 5-7.

armées impérialistes, ce qui amène Doriot à appeler à la solidarité entre le « peuple » rifain et les « prolétaires » français surtout dans le célèbre télégramme (publié à la une de *L'Humanité* le 11 septembre 1924) qu'il écrit avec Pierre Semard félicitant Abd el-Krim pour sa victoire contre les forces espagnoles, et l'incitant à « [poursuivre], en liaison avec le prolétariat français et européen, sa lutte contre tous les impérialismes, y compris l'impérialisme français [...]. Vive la lutte internationale des peuples coloniaux et le prolétariat mondial ! » (Annexe 7, p. 121-122). Le 4 février 1925, Doriot lit son télégramme à la tribune de l'Assemblée nationale et appelle à la fraternisation entre troupes françaises et rifaines : hué par les députés de tous bords, il est perçu comme un traître à la nation[1]. Il semblait que le communisme français se lançât enfin dans le combat anticolonial prôné par le Komintern mais, en réalité, la plupart de la hiérarchie du PCF n'était pas partisan de cette campagne contre la guerre du Rif.

Lamine Senghor est un des membres les plus actifs du « Comité d'action contre la guerre du Maroc ». Il participe à de nombreux meetings contre la guerre tout au long de 1925 : ses discours et sa présence même à la tribune constituent pour le PCF une preuve de la fraternité entre tous les peuples colonisés comme le proclame l'idéologie anti-impérialiste du Komintern. Sur les affiches annonçant les meetings (voir Annexe 7, p. 125-127), le nom de Senghor et d'autres « coloniaux » figurent à côté de communistes français comme Vaillant-Couturier et Doriot. La campagne contre la Guerre du Rif se termine par un échec, mais certains meetings attirent des foules importantes : le 17 mai 1925 Senghor fait un discours remarqué devant 15.000 personnes au Luna Park

[1] À peine une décennie plus tard, Doriot fera un revirement idéologique spectaculaire en créant le Parti Populaire Français, un organisme ultranationaliste. Sous l'occupation, il collabore activement avec les nazis.

à Paris. C'est pendant cette période que Senghor découvre et développe des dons d'orateur hors du commun qui enflamme la foule avec son ardeur et sa passion.

Comme nous l'avons déjà vu, dans sa campagne contre la guerre au Maroc, le PCF (et surtout Doriot) présente Abd el-Krim comme un chef moderne qui cherche à créer une république : or, de tels arguments sont accueillis avec froideur dans certains cercles communistes, y compris au sein de l'UIC où Bloncourt et l'Haïtien, Camille Saint-Jacques soutiennent (en privé) la position qu'il s'agit d'une erreur stratégique de prêter son concours à un chef tribal et arriéré[1]. Lamine Senghor tente de négocier son propre parcours à travers ses différentes postures stratégiques. Dans un article paru dans le *Paria* de mai-juin 1925, il proclame que « Les Riffains [*sic*] ne sont pas seuls ! Ils ont avec eux le monde des opprimés », et il envisage une solidarité qui réunirait tous les peuples opprimés de la planète :

> Le mouvement de libération que poursuit le peuple riffain n'est pas un fait local. C'est un phénomène social qui se manifeste en Chine comme au Maroc et se répercute sur tout le monde des opprimés, aussi bien à Shanghaï qu'à Tetouan.
>
> Aussi, de tous les points de la terre, les peuples coloniaux voient dans la victoire d'Abd el Krim l'étoile qui les guidera vers la délivrance. (p. 35)

Les actes d'Abd el-Krim attirent bien sûr la sympathie des autres colonisés, mais pour Senghor et ses confrères du *Paria*, le chef rifain lutte contre les mêmes injustices qui touchent tous les opprimés de la planète : alors, sa cause doit servir d'inspiration à tous ceux qui détestent l'infernale

---

[1] Ces arguments au sein de l'UIC sont emblématiques d'un débat qui divise le mouvement communiste depuis le congrès du Komintern de 1920 : pour V. I. Lénine, des alliances stratégiques avec des mouvements nationalistes peuvent être utiles tandis que pour M. N. Roy, le marxiste indien, les nationalistes bourgeois seraient toujours les ennemis du communisme.

machine capitaliste-impérialiste, y compris les ouvriers européens :

> Dans ses offres de paix si raisonnables, Abd el Krim, chef provisoire de la République rifaine, demande fermement la reconnaissance de l'indépendance du Riff. Les Riffains donneront la dernière goutte de leur sang pour conserver leur indépendance. Tout le monde des opprimés, musulmans ou autres, tous ceux qui luttent pour s'affranchir de la botte des impérialistes européens, sont avec les Riffains pour exiger la reconnaissance de l'indépendance du Riff. (p. 38-39)

Dans la vision utopique prônée ici par Senghor (qui rejoint parfaitement les arguments de Doriot cités ci-dessus), Abd el-Krim est chef d'une République (quoi de plus français !) et les Riffains, tout comme les Français, aiment leur pays qu'ils sont prêts à défendre à tout prix. Quoi de plus naturel alors pour l'ouvrier français que de soutenir la cause rifaine…

Or, il faut noter un autre élément de l'argument de Lamine Senghor par rapport à la guerre au Maroc qui est rarement évoqué. Dans ses discours et ses articles, il dépasse Doriot et les autres communistes dans sa tentative de penser la nature particulière de la rébellion d'Abd el-Krim, et surtout d'articuler le potentiel révolutionnaire de l'Islam dans le combat contre l'impérialisme :

> L'Islam, en particulier, a les yeux tournés vers la lutte qui s'engage entre le vaillant petit peuple riffain et le formidable militarisme français ; l'Islam tout entier, transporté d'enthousiasme, regarde cette marche victorieuse vers l'indépendance.
>
> Alors, le capitalisme français, qui opprime plusieurs dizaines de millions de musulmans, hurle de désespoir et de rage. […] (p. 35)

On pourrait voir ici une tentative de la part de Lamine Senghor d'associer nationalisme, religion et anticapitalisme. (Senghor était lui-même de confession musulmane sans être pratiquant et il vivait comme beaucoup d'ouvriers français[1].) S'agit-il vraiment d'une valorisation de la religion ou l'Islam est-il seulement une force (tout comme le nationalisme) avec laquelle le communisme peut faire cause commune, « faire un bout de chemin ensemble » comme on le disait souvent à l'époque ? Là où Doriot « traduit » les actions des rebelles du Rif pour en faire un « proto-communisme », Lamine Senghor voit dans le désespoir et l'oppression du monde musulman les motivations d'une révolte contre l'impérialisme européen. En fait, son analyse du rôle de l'Islam dans la résistance populaire devant des interventions militaires occidentales est exprimée dans des termes qui font écho du monde contemporain « post 9/11 » :

> Avec son hypocrisie habituelle, [l'impérialisme français] présente le succès riffain comme le prélude d'une croisade islamique contre les peuples chrétiens.
>
> L'Islam, représenté par 300 millions d'esclaves, écrasés sous la botte des différents impérialismes européens, reçoit pour la circonstance le qualificatif de « Barbarie », tandis que le capitalisme européen devient la « Civilisation occidentale ». (p. 36)

La guerre du Rif n'est pas le fruit du « choc des civilisations » envisagé par Samuel Huntington, mais l'expression de la résistance d'un peuple colonisé face à la domination externe. Lamine Senghor voit de l'hypocrisie dans les attaques contre l'Islam puisqu'il s'agit d'une « force spirituelle » que la France elle-même avait essayé de gagner à sa cause : « Eh quoi ! l'impérialisme français ne se souvient donc plus qu'il avait construit lui-même, à Paris, une mosquée réclamée pour essayer de prendre sous sa tutelle la force spirituelle de l'Islam et rallier des « partisans » sous les couleurs de son drapeau ? » (p. 36). Senghor évoque ici la décision prise par l'Assemblée Nationale en 1920 de faire construire une mosquée à Paris en reconnaissance de la contribution des

[1] Par exemple, le CAI note qu'il boit de l'alcool : ANOM Slotfom 3, Carton 67 (juillet 1927).

sujets musulmans à la victoire de la France dans la première guerre mondiale (situation qui trouve des échos dans l'attitude paradoxale du gouvernement de Nicolas Sarkozy qui soutenait un Islam républicain tout en diabolisant l'Islam plus généralement).

Cette tentative de penser la relation entre l'Islam et l'anticolonialisme radical est exprimée à plusieurs reprises dans les écrits de Lamine Senghor. Quelques années plus tard, dans l'édition de septembre 1927 de *La Race Nègre*, journal de la Ligue de Défense de la Race Nègre, présidée par Senghor, on publie une nécrologie pour le moins ambivalente du « très vénérable marabout » Cheikh Amadou Bamba, fondateur de la confrérie mouride au Sénégal. Au début perçu comme un ennemi de la France, Bamba en devient un ami, « car les faibles savent toujours pardonner les torts qu'on leur cause » (Annexe 11, p. 143). Il en devint ami jusqu'au point de collaborer « au recrutement Diagne de 1918 », action qui (normalement) aurait mérité le mépris des militants de la LDRN, mais la nécrologie se termine avec un respectueux « Que la famille du grand défunt trouve ici les sincères condoléances de la *Race Nègre* ». Dans un autre article dans le même numéro, « La générosité française sous la IIIe République » (qui pourrait être le dernier de la main de Lamine Senghor), on compare les tentatives d'empêcher la circulation de *La Race Nègre* aux actions prises par les autorités coloniales quelques années plus tôt contre Bamba et son mouvement islamique, le mouridisme : « Il s'agit donc de nous persécuter à la manière… française » (p. 75). Le mouvement de Cheikh Amadou Bamba et la LDRN seraient-ils deux faces d'un même front anticolonialiste ? Voilà une piste qu'il reste à explorer.

L'année 1925 marque l'apogée du soutien du PCF à la cause anti-impérialiste. Les appels du parti aux soldats de l'expédition du Maroc de déserter sont sans suite : en fait, comme Lamine Senghor le sait bien, dans cette guerre la plupart des soldats français sont des colonisés (p. 40). Le soutien au peuple rifain exprimé à l'Assemblée nationale par Doriot est un moment fort symbolique, mais le PCF se lasse vite d'une campagne qui plaît au Komintern mais qui décidément intéresse peu les ouvriers français. Senghor n'est pas dupe et commence à chercher d'autres moyens de soutenir la cause de son peuple. Pendant un an, entre fin 1924 et fin 1925, Lamine Senghor subit les caprices de la hiérarchie du PCF : exclu à plusieurs reprises de l'exécutif de l'Union Intercoloniale puis réintégré pour des raisons jamais explicitées, le militant sénégalais semble enfin se lasser du manque d'intérêt pour les questions noires dont fait preuve la direction du PCF. Il est convaincu par le principe d'un grand front « transcolonial » pour combattre l'impérialisme mais ne comprend pas pourquoi on néglige entièrement l'Afrique noire au profit de l'Afrique du nord.

Déjà en mars 1925, il avait exprimé sa frustration lorsque le PCF l'obligea à se présenter dans les élections municipales du 13e arrondissement à Paris, un quartier bourgeois où il avait peu de chances de gagner (voir Annexe 1, p. 80-83). Les archives du CAI révèlent que Senghor, père de famille avec deux enfants en bas âge, a peur que sa participation à l'élection mettra en péril son poste de facteur, ce qui lui vaut des accusations d'indiscipline. (Ces soucis financiers persisteront jusqu'à la fin de sa vie.) Mais il se rend compte également que le PCF se sert de lui comme « faire-valoir » et « caution nègre » (Dewitte, p. 109). La goutte d'eau qui fait déborder le vase arrive quand le PCF est invité à envoyer deux représentants au Congrès des travailleurs nègres à Chicago en octobre 1925. Le PCF choisit Senghor et Bloncourt, mais à la dernière minute on leur demande de payer le voyage eux-mêmes : quand Senghor objecte, on lui conseille « de se faire embaucher comme navigateur ou de s'embarquer clandestinement pour l'Amérique » (Dewitte, p. 111) : il refuse. Il décide enfin que pour promouvoir les intérêts des peuples noirs, il faut créer des organisations noires et, en mars 1926, il lance le Comité de Défense de la race nègre

(CDRN). L'Union intercoloniale continue de vivoter pendant quelque temps mais finira par éclater en différents mouvements nationalistes : le rêve du front « transcolonial » s'éloigne.

La solidarité « nègre »

Lamine Senghor explique ce revirement de son action politique dans « Le réveil des nègres », le dernier texte qu'il ait écrit pour *Le Paria*. L'article annonce la première étape prise par Senghor dans une tentative d'occuper le terrain resté libre depuis le déclin de la Ligue Universelle pour la défense de la race noire de Houénou et Maran. En fait, beaucoup de gens (y compris certains agents du CAI) voient dans le CDRN, présidé par Senghor, le successeur direct à l'action de la LUDRN (jugement bien trop hâtif comme nous le verrons plus loin). En 1926, parler du « réveil des nègres », c'était tout de suite évoquer les idées rendues populaires par Marcus Garvey qui, pendant sa montée foudroyante (jusqu'à sa condamnation pour fraude postale en 1925), avait fait appel au monde noir de se réveiller de son long sommeil ; en effet, sans réclamer son influence directement, le CDRN doit beaucoup à Garvey – l'iconographie (l'étoile filante qui figure sur l'image d'en-tête des documents officiels du Comité : Annexe 2, p. 89 ; ainsi que l'étoile noire du tampon officiel du groupe : voir p. 86), le langage, et surtout les insistants appels à la fierté et à la solidarité des « nègres » : comme Garvey, le CDRN sous Senghor rejette l'idée prônée par W. E. B. DuBois que le progrès viendra à travers la promotion d'une petite élite noire (« talented tenth »)[1]. De

---

[1] On publia un poème de Garvey dans le numéro de *La Race nègre* de novembre-décembre 1927. Après la mort de Lamine Senghor, son successeur à la tête de la LDRN, Tiémoko Garan Kouyaté, entre en correspondance avec Garvey, alors en prison, et le rencontre lors de la visite de celui-ci à Paris en 1928. Il est intéressant de noter que le CAI remarque une tendance garveyiste du CDRN dans son rapport mensuel de mars 1926 : « le cachet du "Comité" porte l'étoile noire

façon générale, on sous-estime l'influence de Garvey sur l'évolution des groupes noirs en France dans l'entre-deux-guerres et non sans raison : en effet, ces mouvements noirs, très marqués par le discours assimilationniste, ont du mal à suivre Garvey dans l'élaboration de son discours identitaire – surtout la dérive racialisante du chef de l'UNIA (United Negro Improvement Association) vers 1922-24 quand il se laisse parfois tenter par l'horizon d'un séparatisme absolu entre Noir et Blanc – et le mythique « retour en Afrique » ; de plus, l'opposition du Jamaïcain au communisme rend difficile un éventuel rapprochement entre les militants du CDRN (et plus tard la LDRN) et l'UNIA de Garvey. Par contre, ils s'enfoncent presque tous dans la brèche ouverte par le brillant militant jamaïcain qui proclame à qui veut l'entendre que le « Nègre » est un homme digne de respect qui refuse l'opprobre du monde blanc. Il n'y a pas à s'étonner d'un tel dialogue entre Garvey et les militants radicaux du CDRN puisque, comme le montre Brent Hayes Edwards, le mouvement noir de l'entre-deux-guerres est un phénomène résolument transnational où la « traduction » (au sens littéral et métaphorique) des idées d'un contexte à un autre joue un rôle primordial. Cette traduction paraît souvent comme une « mauvaise traduction » ; or, pour Edwards, il est paradoxal mais inévitable que la « pratique » diasporique et transnational noir révèle des différences entre communautés noires dans le processus même d'imaginer l'unité des Noirs.

Si la création du CDRN semble annoncer un reniement du communisme, il ne faut pas oublier que l'annonce de sa création paraît dans *Le Paria*, organe indirectement lié au PCF : on peut donc difficilement parler d'une rupture totale entre Senghor et les communistes. (Les rapports des agents du CAI signalent sans cesse que le CDRN n'est qu'un front pour cacher les sympathies communistes du mouvement, ce

---

des garveyistes, sans doute pour donner l'impression qu'il s'agit d'un organisme pan-noir. » ANOM Slotfom 3, Carton 144.

qui n'est pas loin de la vérité...) En effet, le revirement « noir » de Senghor n'est pas la quête d'un refuge identitaire mais un moyen de mettre en exergue une autre dimension de la lutte anticolonialiste à travers la solidarité « raciale » :

> Une des plus grosses questions du jour est celle du réveil des nègres.
>
> [...] Les impérialistes dominant des peuples de race nègre, par crainte de l'explosion de la colère de ces derniers, que la spoliation dont ils sont l'objet fait gronder journellement dans leur cœur, ils (les impérialistes) exploitent la division de castes et de tribus existant primitivement dans notre race, en divisant les nègres en trois espèces différentes : « Hommes de couleur », « Noirs » – tout court – et Nègres.
>
> [...] [E]tre nègre, c'est n'être bon qu'à être exploité jusqu'à la dernière goutte de son sang ou être transformé en soldat pour la défense des intérêts du capitalisme envers et contre tous ceux qui oseraient gêner à son extension. (« Le réveil des nègres », p. 41-42)

Ce qui est nouveau dans l'analyse du système capitaliste-impérialiste proposée ici par Senghor, c'est que la discrimination raciale y est présentée comme partie intégrante de la domination des colonies. Précurseur du Fanon des *Damnés de la terre* – mais aussi de Sartre dans « Orphée noir », texte qui s'articule à partir de ces notions de classes et de races[1] – Senghor tente de tracer le lien entre exploitation économique, domination et identité. Dans le lexique de Senghor, les termes « hommes de couleur » et « noirs » signalent des catégories introduites par l'impérialisme dans le but de diviser pour mieux régner. La masse du monde noir se constitue de « nègres », ceux qui sont opprimés, ceux qui refusent de coopérer avec le système capitaliste-impérialiste. C'est ici qu'on voit l'influence la plus évidente des idées de Garvey puisque « Negro » était également le mot-clé dans le lexique

---

[1] Frantz Fanon, *Les Damnés de la terre*, Paris : Maspero, 1961. Jean-Paul Sartre, « Orphée Noir », *in* L. S. Senghor, *Anthologie de la nouvelle poésie nègre et malgache*, Paris : PUF, 1948.

du militant jamaïcain. Comme le souligne Edwards, la « traduction » de termes comme « Negro » et « Nègre » entre différents contextes prête souvent à la confusion, mais ce qui relie le choix de Senghor à celui de Garvey, c'est la décision de faire valoriser un terme souvent perçu comme « négatif » (Negro/Nègre) plutôt que d'opter pour l'utilisation d'un nouveau terme apparemment plus neutre (Black/Noir). Dans le contexte du monde francophone (plus d'une dizaine d'années avant les premiers balbutiements de la Négritude), Lamine Senghor reconnaît la nécessité de « décontaminer » le vocabulaire utilisé pour traiter des questions raciales :

> […] [N]ous ramassons ce nom [nègre] dans la boue où vous la traînez. Nous en ferons notre symbole !
>
> Ce nom est celui de notre race ! […]
>
> Nous […] nous faisons honneur et gloire de nous appeler Nègres, avec un grand *N* majuscule en tête. C'est notre race nègre que nous voulons guider sur la voie de sa libération totale du joug esclavagiste qu'elle subit. Nous voulons imposer le respect dû à notre race, ainsi que son égalité avec toutes les autres races du monde ; ce qui est son droit et notre devoir. (p. 42-43)

Remarquable réquisitoire contre le racisme européen à une époque où un assez timide assimilationnisme règne parmi l'élite noire en France. Les échos de Garvey sont présents tout au long du texte surtout quand il insiste sur l'auto-appellation « Nègres » avec majuscule : le monde nègre doit s'unir et se montrer fier de son héritage. Mais Senghor ne suit pas Garvey sur tous les fronts et surtout pas dans la recherche d'une identité raciale essentielle. Dans un autre passage, en effet, le Sénégalais parle du nom « nègre » et de « l'éclat de la couleur de notre épiderme » comme les « seuls biens qui nous restent de l'héritage de nos aïeux » : le monde colonisé est perçu presque comme une *tabula rasa*, un monde à créer à travers la révolution des indépendances[1]. Etre nègre, pour Senghor, c'est se rendre compte de l'exploitation systématique d'un peuple et chercher à y mettre fin. Sur l'éventuelle forme et contenu d'une culture « nègre » il maintient ici et pendant les deux années qui suivent un silence presque total. Mais ce n'est pas que la culture doive céder la place aux questions politiques : au contraire, comme nous le verrons ci-dessous, la forme hybride et allégorique de *La Violation d'un pays* constitue une réalisation que le combat anticolonial doit aussi occuper le terrain de la culture. C'est précisément dans le domaine culturel que la Négritude avancera ses idées à partir du milieu des années 1930. Déplacer le débat sur le front de la culture permet d'imaginer, comme disent les sociologues, une identité noire « épaisse » qui dépasse les clivages politiques et évite une confrontation directe avec les autorités coloniales[2].

Le CDRN et *La Voix des Nègres*

Le 26 mars, Lamine Senghor prend les démarches administratives nécessaires à la création de son « Comité de Défense de la Race Nègre » (CDRN), conformément à la législation de 1901 réglant les activités associatives, et quatre

---

[1] Senghor paraît encore une fois comme un précurseur du Frantz Fanon des *Damnés de la terre* qui imaginera quelques décennies plus tard un monde colonisé coupé de son passé qui s'unira pour créer un nouveau monde et un nouvel homme. L'avènement de « ce nouvel homme » est aussi un projet sartrien. La nécessité d'une révolution sociale afin de créer une nouvelle Afrique reste d'actualité : « Sortir de la grande nuit » est un appel que réitère Achille Mbembe dans un récent essai aux accents très fanoniens. Voir Mbembe, *Sortir de la grande nuit : essai sur l'Afrique décolonisée*, Paris : La Découverte, 2012. [Nous remercions Pierre-Philippe Fraiture pour cette dernière référence.]

[2] Gary Wilder retrace l'évolution des groupes noirs et l'éventuel succès d'un panafricanisme « culturel » dans l'entre-deux-guerres : « Panafricanism and the Republican Political Sphere », *in* Sue Peabody et Tyler Stovall (éds), *The Color of Liberty : Histories of Race in France*, Durham, NC : Duke UP, p. 237-258.

jours plus tard, cette initiative est annoncée dans le *Journal Officiel* de la République, entre des annonces de la création d'une « Fédération Nationale des Mutilés du Travail » et d'une « Fédération amicale des Laïques de Croix (Nord) » (Annexe 2, p. 85). Quelques semaines plus tard, le secrétaire-général du CDRN écrit au Président de la République afin de lui demander son soutien financier. La correspondance qui s'ensuit entre le Ministère des Colonies et le bureau du Président révèle la difficulté ressentie par le CAI de cerner la motivation de Senghor et de ses collègues : mais dans l'incertitude, on finit par conseiller à la Présidence de ne pas s'associer avec un communiste notoire même s'il semble s'être éloigné du mouvement marxiste. En octobre, on relance la demande mais toujours sans succès (voir Annexe 2, p. 92-93)[1].

Ces démarches illustrent bien que le CDRN se veut une organisation raisonnable, prête à travailler avec les autorités françaises pour améliorer le sort de la communauté noire. Si l'Union Intercoloniale représentait les franges de l'extrême-gauche, Lamine Senghor s'associe maintenant avec des piliers d'un Républicanisme modéré : sur les affiches présentant le nouveau mouvement noir, on voit les noms de Maîtres Henry Torres et André Béton, avocats à la Cour d'Appel de Paris qui sont annoncés respectivement comme conseiller juridique et membre d'un « Honorariat Nègre ». Tout de même, le plus fidèle lieutenant de Senghor dans la période 1926-27 sera Tiémoko Garan Kouyaté, du Soudan français (l'actuel Mali), un ancien étudiant de l'École Normale d'Aix, exclu à cause de ses opinions anti-françaises[2], qui partage la position communiste de son aîné.

---

[1] Comme le montre Philippe Dewitte, le CDRN puis la LRDN sont en grande partie financée par le PCF, mais Senghor lutte sans cesse (et pas toujours avec succès) de maintenir une certaine autonomie par rapport au mouvement communiste.

[2] Kouyaté est un personnage fascinant : après la mort de Senghor, il devient Président de la LDRN et vire entre assimilationnisme, com-

Les appels du Comité utilisent un langage beaucoup plus proche des critiques des méfaits de la colonisation qui émanent de la Ligue des Droits de l'Homme et d'une partie de la gauche socialiste. Tout au long de 1926, les documents promouvant le CDRN situent l'action du mouvement dans la lignée de la pensée émancipatrice des grands penseurs du siècle des Lumières :

> Depuis des siècles, des philanthropes élèvent la voix pour nous défendre. Au-dessus de toutes les questions religieuses et politiques, ils se sont unis pour faire entendre leurs protestations indignées contre l'esclavage. Ils ont placé avant tout la cause suprême de l'Humanité. Mais l'œuvre à laquelle ces Grands Hommes ont consacré toute leur fortune, leur intelligence et leur vie n'est pas terminée[1]. (p. 44)

Le CDRN ne ferait donc que poursuivre le travail inachevé des grands humanitaires français en réclamant l'égalité pour les « nègres ». Il n'est donc pas surprenant qu'un des premiers actes du CDRN est l'organisation d'un défilé pour poser une couronne sur la tombe de Victor Schœlcher en juillet 1926 (Annexe 2, p. 87). Loin de la vitupération des impérialistes de l'UIC, le CDRN évoque « la Grande famille humaine » : Senghor lui-même se présente d'abord comme « mutilé de guerre » pour souligner le service rendu à la patrie. Le CDRN veut seulement que « le Nègre soit traité à travers le monde avec plus d'humanité » et propose principalement d'organiser un système d'entraide pour subvenir aux besoins des « Nègres » habitant la France. Il s'agirait d'une sorte de tontine pour « [o]ffrir à chaque Nègre membre du

---

munisme et un essentialisme racialisant dans une tentative de réaliser des alliances qui permettront à son mouvement de survivre. Pendant la deuxième guerre mondiale, il participe à la Résistance et meurt sous les balles des nazis.

[1] Une telle manœuvre est typique d'un certain discours assimilationniste. Voir la préface de *Batouala* dans laquelle Maran invoque Montesquieu et Voltaire pour étayer sa thèse égalisatrice.

Comité des avantages intellectuels, moraux et matériels » (on parle d'un musée, d'une bibliothèque, d'un bar-restaurant, d'un foyer) : de telles initiatives connaissent déjà un succès local dans les grandes villes de France (surtout à Marseille où le CAI créa l'Amicale des Originaires de l'AOF), mais le CDRN propose de créer un mouvement à l'échelle nationale.

Après la création du CDRN, Senghor se lance dans une tournée de propagande et de recrutement à travers les grandes villes portuaires de France – Toulon, Marseille, Bordeaux, Le Havre – ainsi que dans le grand camp des tirailleurs sénégalais à Fréjus. Dans les bars et les cafés des ports, il va à la rencontre des « nègres » ; sa passion et son ardeur sont convaincantes, et beaucoup d'ouvriers noirs sont heureux de voir un des leurs défendre les intérêts de la race. Il connaît un franc succès, recrutant des centaines d'adhérents à une époque où la population noire de France se limite à peut-être 15.000 à 20.000 personnes[1]. Senghor éprouve aussi maintes frustrations : des meetings où personne ne vient, d'autres interrompus par des récalcitrants qui trouvent ses critiques de la France outrageantes[2]. Pour la plupart, il suit le programme plus modéré tracé dans les tracts du CDRN, mais les rapports des agents du CAI parlent sans cesse des propos révolutionnaires tenus par Senghor en coulisses de ses meetings[3].

[1] Dewitte avance le chiffre de 500 à 700 adhérents (p. 135) : Senghor n'est pas le seul membre de l'exécutif chargé de recrutement mais il est de loin celui qui rencontre le plus grand succès. Il est difficile de faire des estimations précises de la population noire en France pendant cette période : Pap Ndiaye (p. 141-142) avance le chiffre de 5.000 à 8.000 Africains auxquels il faudrait ajouter la population antillaise habitant en métropole.

[2] Voir, par exemple, la lettre de Josselme, délégué du CAI à Marseille, qui trace un itinéraire détaillé de la tournée de recrutement de Senghor dans la ville phocéenne en septembre 1926. Lettre de Josselme au Ministère des Colonies, 22 septembre 1926 : ANOM Slotfom 3, Carton 24.

[3] L'un des témoignages les plus précieux sur les tournées en province de Senghor vient de la plume de Claude McKay, le grand écrivain

Parcourir la France de cette façon finit par épuiser cet homme tuberculeux : dans une note du 6 novembre 1926, l'agent Désiré note « que l'agitateur SENGHOR LAMINE est très malade, qu'il crache du sang et que sa vie est en danger »[1]. Il se retire de Paris pour retrouver sa femme et sa jeune famille dans le Var, et son déménagement vers la Méditerranée évoque une réponse ironique de la part de certains administrateurs coloniaux : dans une note relatant ces faits du CAI envoyée à Dakar, un administrateur écrit en crayon : « Côte d'Azur et vie chère ! » (Annexe 1, p. 83).

De plus, son absence de Paris laisse l'exécutif du CDRN aux mains du Secrétaire-Général, le Guadeloupéen Joseph Gothon-Lunion, un ancien de l'UIC. Trop tard, Lamine Senghor se rend compte que Gothon-Lunion désire le remplacer à la tête du CDRN. Le Guadeloupéen avait représenté les « nègres de France » à Moscou lors du Ve Congrès de l'Internationale Communiste en 1924. Il y fit un discours très remarqué qui impressionna les Soviets et ils virent en lui un futur leader noir. Ce jeune homme (il a 8 ans de moins que Senghor) est un intellectuel, un doctrinaire léniniste qui se considère beaucoup mieux placé pour être à la tête du mouvement que l'ancien tirailleur, un autodidacte qui, comme nous l'avons signalé, ne suivit que quelques cours élémentaires à l'École Coloniale du PCF. Gothon-Lunion avait quitté l'UIC avec Senghor pour créer le CDRN, mais son passé de doctrinaire léniniste ne fait qu'accroître les suspicions du CAI que les leaders du mouvement noir cachent leur jeu, et le jeune homme semble vouloir écarter son aîné afin de pouvoir être celui qui fait le rapprochement éventuel du CDRN avec le PCF. Or, pendant l'absence de Senghor, très malade, en novembre-décembre 1926, Gothon-

---

jamaïcain de la « Harlem Renaissance » qui parle du Sénégalais dans son roman, *Banjo*, et son autobiographie, *Un sacré bout de chemin* (voir Bibliographie sélective).

[1] ANOM Slotfom 3, Carton 37.

Lunion commence à accuser celui-ci du détournement des fonds du Comité. Le Président du CDRN revient peu avant Noël 1926 et reprend la situation en main, écartant le Secrétaire-Général du comité. Mais l'opposition entre les partisans de Senghor et ceux de Gothon-Lunion finit par créer une scission au sein du CDRN, ce qui mènera à la création par le Sénégalais d'une Ligue de défense de la race nègre en mars 1927. Quand le premier numéro de *La Voix des nègres* paraît enfin en janvier 1927 (le texte est prêt depuis deux mois mais ne peut être publié, faute de moyens), le journal annonce dans un petit article à la dernière page la tenue d'une assemblée générale extraordinaire le 16 janvier, première étape vers un schisme irréparable (Annexe 2, p. 96 ; Annexe 3, p. 100-102). La tentative de réunir toute l'opinion « nègre » dans un seul regroupement se solde par un échec.

Néanmoins, on peut voir à travers ce premier numéro de *La Voix des nègres* la diversité de la coalition forgée par Lamine Senghor et ses collègues puisque le journal est remarquable par la variété des opinions exprimées : par exemple, l'appel « À TOUS NOS FRERES ! » rejoint l'humanisme cité ci-dessus tandis que d'autres contributions annoncent un militantisme beaucoup plus radical. À la première page Senghor explique « Ce qu'est notre Comité de Défense de la Race Nègre » et souligne la volonté de représenter tous les « Nègres » :

> […] [N]ous nous sommes groupés, sans distinction de nationalité ethnique ni de nationalité de nos maîtres pour combattre la haine de race, démontrer ce que nous sommes capables de faire et ce que nous sommes dignes d'être, en accélérant nos pas vers notre évolution sociale et toucher du doigt notre droit d'égalité à toutes les races humaines. (p. 48)

Mais Senghor s'écarte de l'assimilationnisme de certains de ses confrères et refuse de se faire qualifier de « nègre […] français » :

> Les nègres ne sont d'aucune nationalité *européenne* et ne veulent servir les intérêts d'aucun impérialisme contre ceux d'un autre impérialisme.
>
> Au sein du Comité de Défense de la Race Nègre, il n'y a pas de distinction entre les nègres soumis au joug de l'impérialisme français et les nègres soumis au joug d'un autre impérialisme européen ou américain. Nous sommes tous des frères de la même race unis ; nous subissons le même sort (sous différentes formes, bien entendu) esclavagiste par l'impérialisme international. (p. 47)

Se reconnaître comme nègre, c'est d'abord reconnaître une histoire commune, celle de l'esclavagisme et de la domination coloniale qui font partie intégrante du système capitaliste-impérialiste. En fait, Senghor élabore ici une histoire de la domination européenne en Afrique qui voit dans le passage de la traite au colonialisme une simple évolution de la forme d'exploitation des « nègres » : « *la vente au détail est interdite, tandis que la vente en gros est permise* » (p. 47), thème qu'il développera dans son célèbre discours de Bruxelles en février 1927. L'article se termine par une liste des quatre principales tâches du CDRN qui peuvent se résumer ainsi : développer un antiracisme et un anticolonialisme, et collaborer avec « les organisations qui luttent véritablement pour la libération des peuples opprimés et pour la révolution mondiale » (p. 49). Senghor glissa-t-il dans l'article cette déclaration « ouverte » de son soutien pour le communisme à la dernière minute après le schisme avec les partisans de Gothon-Lunion ? Ou avait-il l'intention depuis toujours de révéler son jeu lors de la publication du journal ? Notons aussi au passage la référence dans l'article au CDRN comme un mouvement des « jeunesses nègres », un refrain qu'on retrouve souvent chez Senghor à cette époque : une nouvelle génération pour lancer un nouveau mouvement (voir aussi « Le Mot *Nègre* », p. 49-51) ? On peut supposer que cette image d'un renouvellement générationnel visait surtout Blaise Diagne (né en 1872) et les autres parlementaires noirs, mais il semblait annoncer en même temps un changement de style et de tempérament par rapport à l'assimilationnisme dominant : visait-elle René Maran, qui assistait parfois aux réunions du CDRN, et d'autres « évolués » ?

Lamine Senghor continue cette exploration des liens entre exploitation économique et exploitation raciale dans un autre article : « Le Mot *Nègre* » – il est signé « Le Comité » mais on peut raisonnablement supposer qu'il vient en grande partie de la main du Président du CDRN puisqu'il s'agit d'une légère réécriture du « réveil des nègres », son dernier article pour *Le Paria* (en fait, l'article reprend certains paragraphes mot pour mot). Cette fois-ci, Senghor pousse encore plus loin sa réflexion sur les catégories raciales utilisées pour diviser le monde « noir » : « hommes de couleur » n'a aucun sens puisque « il n'y a pas un seul homme dans ce monde qui ne soit pas d'une couleur ou de l'autre », et « noir » non plus puisqu'en Afrique « il existe [...] des nègres aussi blancs que certains blancs d'Europe » (p. 50). Ceux qui ont reçu une éducation européenne ne deviennent pas par ce biais des « hommes de couleur » ou des « noirs » : ils restent « nègres » puisque ce sont « les descendants » des paysans africains ou antillais qui sont traités de « nègres » (p. 50).

Ailleurs dans ce premier numéro, un article non signé revient sur une des questions les plus chères à Lamine Senghor, les pensions des anciens tirailleurs sénégalais. Dans une litanie de questions purement rhétoriques – commençant avec le titre de l'article, « Pourquoi sommes-nous infériorisés ? » – l'auteur (qui pourrait bien être Senghor) expose l'hypocrisie de la France devant la dette du sang qu'elle doit aux tirailleurs : « Le sang d'un nègre ne vaut-il pas celui d'un blanc ? » ; « Pourquoi y avait-il égalité devant le devoir, puis deux poids et deux mesures devant les droits ? » (p. 53). Et il finit – comme il dut l'apprendre pendant sa période au *Paria* – avec une table qui compare les pensions des tirailleurs et des anciens combattants français (l'anticolonialisme cherche toujours à utiliser des chiffres et les renseignements fournis par le système colonial pour le dénoncer)[1].

Un dernier article du premier numéro qui pourrait aussi être attribué à Senghor (il est signé « Le Bureau Exécutif »), révèle de par son titre même « Nègres, en garde ! » les soucis qui guettent le jeune mouvement noir. Non seulement « Nos adversaires, nos ennemis nous guettent » (p. 52), et la presse dominante passe sous silence leurs actes, mais il y a « [i]nfiltration dans nos rangs d'éléments de désagrégation » (p. 52) – une référence sans doute au conflit entre le camp de Gothon-Lunion et celui de Senghor. La conclusion que « le triomphe est certain » (p. 53) semble plus une exclamation de foi dans un contexte incertain qu'une déclaration de fait.

Or, en février 1927, au milieu du tumulte de la scission du CDRN, les événements semblent soutenir cette exclamation optimiste : Lamine Senghor connaît le moment de gloire qui contribue à solder sa réputation de chef de file du mouvement anticolonialiste quand il est invité à représenter son mouvement lors du Congrès inaugural de la Ligue contre l'impérialisme et l'oppression coloniale à Bruxelles (10-14 février 1927). La Ligue est une initiative d'inspiration communiste – elle est sous la houlette du célèbre « millionnaire rouge » allemand Willi Münzenberg[2] – qui cherche à réunir le front le plus large que possible contre les puissances impérialistes européennes. À la tribune, Senghor, libéré des contraintes de l'apaisement des modérés du CDRN, pousse encore plus loin

---

[1] Un article dans le premier numéro de *La Race Nègre* (juin 1927), « Réponse d'un ancien tirailleur sénégalais à M. Paul Boncour » utilise une autre méthode pour donner voix aux exigences des anciens combattants : écrit à la première personne dans le « petit nègre » enseigné aux tirailleurs par l'armée française, l'article permet à un tirailleur (réel ou imaginé ?) de raconter son histoire dans ses propres termes (Annexe 3, p. 104-105).

[2] Voir Alain Dugrand et Frédéric Laurent, *Willi Münzenberg : artiste en révolution, 1889-1940*, Paris : Fayard, 2008.

ses critiques de l'impérialisme : la défense de la race « nègre » passe obligatoirement par la défaite des impérialistes :

> Qu'est-ce que le Comité de Défense de la race nègre ? C'est une organisation universelle de toute la jeunesse nègre qui aspire à se sacrifier pour la libération de la race tout entière. Vous savez que la race nègre a été la plus humiliée de la terre, sur cette race, tous les impérialistes du monde ont droit de vie et de mort. Cependant, nous affrontons la lutte pour arracher notre égalité avec ces races qui prétendent être supérieures à nous. Nous voulons leur demander s'ils sont supérieurs à nous parce qu'ils ont la peau blanche ou le cerveau meilleur. (p. 57-58)

L'impérialisme ne saurait apporter la civilisation aux colonies puisqu'il s'agit d'un système de domination. Senghor dénonce les sévices infligés aux colonisés, les travaux forcés (forme d'esclavage « modernisé ») et, bien sûr, l'iniquité des pensions attribuées aux anciens tirailleurs[1] :

> La jeunesse nègre commence maintenant à voir clair. Nous savons et nous constatons que, lorsqu'on a besoin de nous, pour nous faire tuer ou pour nous faire travailler, nous sommes des Français ; mais quand il s'agit de nous donner les droits, nous ne sommes plus des Français, nous sommes des nègres. (p. 63)

Dans son intervention à Bruxelles, Senghor élabore un discours qu'il mettra au point dans son pamphlet, *La Violation d'un pays*, qui sera publié quelques mois plus tard : « Qu'est-ce que c'est que la colonisation ? C'est la *violation* du droit d'un peuple à disposer de lui-même comme il l'entend » (p. 58 ; c'est nous qui soulignons). Dans un langage qui prévoit

---

[1] La question des pensions des anciens tirailleurs reste d'actualité : voir le film *Indigènes* (Rachid Bouchareb, 2006) sur la participation des troupes coloniales à la deuxième guerre mondiale et les réactions qu'il a suscitées en France. Elle est aussi ancienne : voir l'épisode sur « L'Arabe soldat » dans *Les Femmes arabes en Algérie* d'Hubertine Auclert [1900], rééd. coll. Autrement Mêmes, prés. Denise Brahimi, 2009, p. 115-119.

les dernières lignes de *La Violation d'un pays*, Senghor finit son discours par proclamer que l'impérialisme est le fruit du capitalisme qui impose la domination des colonisés *là-bas* et des ouvriers *ici* (comme le dira plus tard Sartre dans « Orphée noir ») :

> [C]eux qui souffrent de l'oppression coloniale là-bas doivent se donner la main, se serrer les coudes avec ceux qui souffrent des méfaits de l'impérialisme métropolitain, porter les mêmes armes et détruire le mal universel qui n'est que l'impérialisme mondial.
>
> Camarades, il faut le détruire et le remplacer par l'union des peuples libres. Plus d'esclaves ! (p. 63)

Le discours rencontre un énorme succès non seulement parmi les délégués mais aussi à travers le monde : il est vite traduit en anglais et reproduit dans des revues aux États-Unis[1]. À la fin du Congrès, Senghor est placé à la tête d'un groupe de travail qui rédige la « Résolution sur la question nègre » ; le document produit par le groupe porte des traces évidentes du militantisme du Sénégalais (p. 63-67). Dans un article paru quelques mois après le Congrès sur les exilés politiques à Paris dans les années 1920, le directeur de l'American Civil Liberties Union, Roger Baldwin situe Lamine Senghor parmi les plus éminents des « hommes sans patrie ». Le CDRN raffole de cette bonne presse : le deuxième et dernier numéro de *La Voix des Nègres* (publié en mars 1927) attribue la plupart de ses quatre pages à un compte rendu du Congrès et publie la quasi-totalité du discours de Senghor. Même quelques années plus tard, Gustave Gautherot, principal représentant de l'anticommunisme viscéral en France, proclame dans l'une de ses fréquentes publications sur le « péril rouge » que la Ligue est « l'organisation bolchéviste anticoloniale la plus redoutable » et Lamine Senghor est présenté (trois ans après sa mort (!) que

[1] Voir Edwards, « The Shadow of Shadows », pour de plus amples détails sur le succès du discours de Senghor.

Gautherot semble ignorer) comme l'un des personnages les plus importants du mouvement[1].

La LDRN, *La Race nègre* et *La Violation d'un pays*

Le schisme au sein du CDRN devient permanent après une nouvelle réunion houleuse en mars 1927 : devant son incapacité d'installer un bureau qui lui serait favorable, Lamine Senghor, Kouyaté et d'autres fidèles quittent le CDRN et, peu après, lance un nouvel organisme, La Ligue de Défense de la Race Nègre (LDRN). Dans le premier numéro de *La Race Nègre*, le nouveau journal de la LDRN, Lamine Senghor trace dans son article « Debout les Nègres » l'évolution troublée du mouvement « nègre » depuis la création du CDRN en mars 1926. Après un début difficile, ils réussirent à créer un mouvement fort et dynamique ; puis vint la trahison des ennemis au sein du mouvement (il ne leur fait pas l'honneur de les nommer) qui sont taxés de « tristes individus », de « traîtres » et de « vermine » : ces ennemis sont, en effet, des nègres « à peau blanche » (p. 70). Peut-on y déceler une distinction « raciale » entre « vrais nègres » et métisses ? C'est fort possible puisque la scission du CDRN produisit un clivage entre assimilationnistes et révolutionnaires qui recoupe en partie avec une division entre Antillais et Africains, mais ne se limite pas à cette dimension culturelle[2].

Le rêve d'un mouvement noir unique finit (et non pas pour la dernière fois) dans un règlement de comptes féroce entre différents camps qui rappelle les querelles entre l'UNIA de Marcus Garvey et le NAACP de W. E. B. Du Bois[3]. Dans

---

[1] Gustave Gautherot, *Le Bolchévisme aux colonies et l'impérialisme rouge*, Paris : Redier, 1930.

[2] Steins présente le schisme comme le fruit d'une opposition culturelle entre Africains et Antillais. Nous rejoignons Dewitte et Sagna qui y voient une situation beaucoup plus complexe où culture, éducation et politique jouent tous un rôle.

[3] Et aussi, plus en amont, la position d'un E. W. Blyden qui, en plein dix-neuvième siècle, prônait une reconquête du Libéria et de la Sierra

une litanie pleine de malice, Senghor annonce que la LDRN a « flanqué une gifle magistrale »

> À ceux qui ne voulaient pas que notre mouvement de défense de la race nègre fût universel ; à ceux qui voudraient faire de nous un groupe de danseurs de « charleston » et d'autres danses exotiques, sous la présidence et l'œil bienveillant d'un politicien blanc quelconque [...]. (p. 70)

Au lieu d'une grande coalition de tous les « nègres », maintenant soit on est avec la LDRN soit on est collaborateur du système colonialiste. De plus, la LDRN ne tente plus de voiler ses sympathies communistes puisque les nègres doivent se rendre compte maintenant que le communisme est « l'objet de leur alliance naturelle, étant tous victimes d'un même régime » (p. 69).

Un autre article de ce même numéro annonce « Camarades Sénégalais, en garde ! » contre l'ennemi de toujours, Blaise Diagne, qui devait se présenter aux élections en 1928. On cite trois exemples tirés d'un récent article du député sénégalais qui révélerait son aliénation et sa collaboration avec le système colonial : « cet homme se considère comme un français blanc et non comme un colonisé » (p. 72). Comme Gothon-Lunion et les autres réformistes du CDRN, Diagne est présenté comme un « nègre blanc » : « si la peau blanche se vendait, Diagne l'aurait payée très cher pour achever de renier sa race, comme il vient de le faire à l'égard de son pays » (p. 72). Précédemment, Diagne fut un traître à son peuple, un vendu au système capitaliste-impérialiste : ces nouvelles insultes à base raciales marquent-elles une dérive chez Senghor et la LDRN vers une pensée à base raciale ?

Leone par des Africains « purs » et non par des métis. Voir, V. Y. Mudimbe, *The Invention of Africa : Gnosis, Philosophy, and the Order of Knowledge*, Bloomington : Indiana University Press, 1988, p. 98-134. [Nous remercions Pierre-Philippe Fraiture pour cette référence.]

Tout au moins, elles montrent que le Sénégalais était prêt à utiliser des coups bas dans un contexte politique trouble.

Le dernier grand moment dans la carrière de Lamine Senghor est la publication de *La Violation d'un pays* en juin 1927. La publication est annoncée dans une petite note signée « Le Bureau Central » dans le premier numéro de *La Race Nègre* : « Notre camarade Lamine Senghor, Président de la Ligue, vient de faire paraître une brochure intitulée *La Violation d'un pays* au prix de 2 fr. au profit de la Ligue de Défense de la Race Nègre ». Il s'agit d'un récit simple d'une trentaine de pages qui trace de façon polémique l'histoire sanglante de l'esclavage et du colonialisme en Afrique. Mais cette « brochure » est aussi un texte hybride qui mélange la forme d'un conte (il commence avec la formule traditionnelle, « il y avait une fois ») avec une approche fort didactique, et utilise le langage politique du communisme révolutionnaire, le tout accompagné de cinq illustrations très simples en noir et blanc qui renforcent le message politique. Devant cette instabilité générique, des critiques le décrivent comme un pamphlet, un conte, une nouvelle, une fable. En fait, on pourrait dire que *La Violation d'un pays* est l'un des premiers exemples du texte pamphlétaire hybride comme site privilégié d'une réflexion globale, qui deviendrait par la suite une forme dominante de la « pensée noire » (cf. Césaire, Fanon et, plus récemment, Achille Mbembe et Patrice Nganang...). Plutôt que d'essayer de trancher entre ces différentes désignations, nous rejoignons Brent Hayes Edwards qui souligne surtout le côté allégorique du texte ; pour Edwards, l'expérimentation générique est révélatrice de la recherche d'un langage et d'une forme qui permettrait la critique du colonialisme, et aussi d'une reconnaissance – nous l'avons déjà dit – que la lutte anti-impérialiste doit aussi se placer sur le terrain de la culture.

Comme *Les Trois Volontés de Malic* (1920), récit d'Amadou Mapathé Diagne, *La Violation d'un pays* est un texte qui souhaite être compréhensible à un public très large, y compris aux enfants. Papa Samba Diop y voit un trait commun des premiers textes africains[1], mais il rejoint également une approche élaborée par certains écrivains affiliés au PCF, comme Paul Vaillant-Couturier, qui écrivait des récits pour enfants (p. ex. *Jean sans pain*), textes (souvent illustrés) dans lesquels on révélait les injustices du monde capitaliste sous la forme d'un conte. Cet aspect de *La Violation d'un pays* est souligné par Vaillant-Couturier dans sa préface :

> Je l'ai lu d'un trait, comme une légende merveilleuse, aussi cruelle que les contes d'enfants qui forment le fond du folklore de tous les peuples. [...]
>
> Il faut que le récit vole de bouche en bouche et que les vieillards, au seuil des cases, le racontent le soir aux femmes et aux jeunes gens...
>
> Ainsi fraterniseront, par-dessus les énormes déserts d'eau ou de sables qui les séparent, les ouvriers de la métropole et leurs frères noirs d'Afrique à la lecture ou à l'audition du simple récit de Senghor, car leur ennemi est le même : l'impérialisme. (p. 3)

La « brochure » de Senghor aura du mal à retrouver un public africain puisque les autorités coloniales l'interdisent (on trouve tout de même des preuves dans les archives que des exemplaires arrivent au Sénégal et circulent clandestinement), mais on peut aussi légitimement demander si le lectorat imaginé aurait pu comprendre le lexique communiste (certains diraient la langue de bois) utilisé par l'auteur (« bourgeois », « les lois iniques d'esclavagiste modernisé », etc.[2]). Il y a une forte dissonance à certains moments entre le langage du récit fictif et le langage de l'orthodoxie idéologique. Par exemple, l'image la plus frappante évoquée dans

---

[1] Papa Samba Diop, *Écriture romanesque et cultures régionales du Sénégal (des origines à 1992) : archéologie littéraire du roman sénégalais*, Francfort : IKO, 1995, p. 153-62.

[2] Pour une analyse plus détaillée de ces questions, voir mon article, « Child's Play ? Storytelling and Ideology in 1920s Francophone Sub-Saharan Africa », *Francophone Postcolonial Studies*, 7.2 (2009), p. 73-88.

le livre est celle du fratricide de Dégou Diagne comme source originale de la conquête de l'Afrique, mais Senghor demande à cet épisode de porter aussi une charge idéologique : « Quant à Dégou Diagne, il portait sur son épaule et en son fétiche, le prix de trahison et de l'assassinat de ses frères. *C'était le début du commerce d'exportation et d'importation, sous toutes ses formes, entre les pays et les races différentes* [*sic*]) » (p. 16).

L'Afrique précoloniale imaginée par Senghor dans *La Violation d'un pays* est un monde d'harmonie et de paix jusqu'à l'arrivée du marchand européen « l'homme pâle », « qu'on appelait Bourgeois dans son pays » (cette image est tout le contraire du livre de Mapathé Diagne où c'est l'arrivée des Français qui apporte la paix). Le marchand prétend vouloir ouvrir des échanges commerciaux avec le village, mais en cachette il travaille avec un villageois Dégou Diagne qui lui vend deux de ses frères (tuant l'un d'entre eux quand il tente de s'évader) : le nom « Dégou Diagne » est bien sûr fort symbolique, évoquant le profond « dégoût » de Senghor pour son compatriote Blaise Diagne. Après la colonisation de l'Afrique, Blaise Diagne revient dans le texte sous le personnage du « plus dévoué [des] esclaves à couleur d'ébène » (p. 25) pour recruter des soldats pour la guerre en Europe.

Le texte se termine avec le renversement du régime colonial par une révolution mondiale qui libère non seulement les colonies mais aussi la métropole du joug capitaliste-impérialiste :

> Le même jour, à la même heure, chez les bronzés, chez les jaunes et chez les « moins pâles », la révolution éclata de concert avec les citoyens pâles [...].
>
> Les esclaves devinrent libres ! les citoyens de chaque pays dirigèrent le Gouvernement de leur état. Ils formèrent l'alliance fraternelle des pays libres.
>
> VIVE LA RÉVOLUTION !!! (p. 29-30)

Cette résolution du drame est évidemment irréaliste dans le contexte des années 1920 en Afrique, mais il s'agit surtout dans le contexte de l'histoire imaginée par Senghor de la réalisation d'un vœu idéologique[1] : en suivant Edwards, on pourrait parler de la « performance » d'un internationalisme anticolonialiste. Dans l'illustration qui accompagne ces paroles, un ouvrier noir botte les fesses d'un officier de l'armée coloniale qu'il chasse de la terre africaine (p. 28). Derrière l'homme noir, une petite foule d'ouvriers – pour la plupart de type « européen », mais on voit aussi un asiatique – semblent suivre les instructions d'un grand homme européen avec une casquette à la Lénine. Pour Christopher Miller – dans son excellent livre *Nationalists and Nomads* – et d'autres critiques, la révolution y est présentée comme planétaire, mais elle est menée par l'Europe. Il est vrai que le texte place des militants européens à l'origine d'une éventuelle révolution : « Ils envoyèrent des émissaires qualifiés dans tous les pays d'esclavage, pour organiser leur révolte » (p. 29). Mais si l'on regarde plus loin ne pourrait-on parler d'un léger décalage entre les images et les paroles ? Dans le texte, « la révolution éclata *de concert avec* les citoyens pâles » et non pas « *menée par* les citoyens pâles » : le dessinateur naïf (blanc ? malheureusement, nous n'avons pas trouvé de renseignements sur l'identité de ce N. Ladis (?) qui signe deux des dessins) ne pouvait-il imaginer une révolution de groupes égaux ? Quoi qu'il en soit, *La Violation d'un pays* est un texte remarquable qui tente pour la première fois

[1] De la même façon, *Les Trois Volontés de Malic* se termine par une réalisation idéologique qui proclame le succès de la nouvelle politique coloniale dite d'« association ». Il serait intéressant de mesurer l'impact de l'utopie sur la fiction africaine ou inspirée par l'Afrique. Voir notamment, dans le contexte belge de l'entre-deux-guerres : Paul Salkin, *L'Afrique centrale dans cent ans : le problème de l'évolution noire*, Paris : Payot, 1926 : quoique publié dans une collection sociologique, il s'agit d'une œuvre de fiction qui présente une Afrique, celle de 2026, développée et cosmopolite ; et, plus près de nous : Abdourahman A. Waberi, *Aux États-Unis d'Afrique*. Paris : Jean Claude Lattès, 2006. [Nous remercions Pierre-Philippe Fraiture pour ces références.]

de donner une forme à l'indépendance du monde colonisé. Un grand historien de cette période comme Dewitte prétend que l'indépendance est pratiquement « impensable » dans les années 1920 : or, à notre avis, l'exemple de Lamine Senghor montre que l'indépendance est bien « pensable » à cette époque. Mais l'indépendance prend la forme d'un conte, d'une allégorie, de slogans communistes ; elle n'est pas le résultat d'un programme politique cohérent : l'indépendance est pensable comme rêve et comme désir, mais on peut se demander si les militants comme Senghor pensent vraiment que l'indépendance soit « réalisable ».

Enfin, pour revenir à une question mentionnée ci-dessus : Quel est au juste le lectorat visé par Senghor dans *La Violation d'un pays* ou dans ses articles pour les journaux de ses organisations noires ? S'agit-il d'un mouvement « métropolitain » avec peu d'assises dans les colonies ? Il s'avère que dans les archives du CAI il y a maintes preuves que le CDRN et la LDRN envoyaient systématiquement des paquets de chaque numéro de leurs journaux respectifs en Afrique par le biais de marins sympathiques à leur cause : la lettre d'un capitaine Mademba au Soudan français fournit la preuve que le lectorat de *La Race Noire* s'étendait à des tirailleurs en service en Afrique (Annexe 2, p. 97-98). Et certains articles de ces journaux constituent des réponses au courrier reçu (réel ou imaginé) de lecteurs en Afrique (p. 72). Malgré la vigilance des autorités coloniales, *La Violation d'un pays* se fraya aussi en chemin en Afrique parmi les sympathisants communistes, nationalistes ou même simplement des curieux (voir Annexe 4, p. 107-108). L'impact de ces écrits sur le débat anticolonialiste en Afrique reste un sujet à découvrir.

Un homme et un héritage fragiles

Le Congrès de Bruxelles, la création de la LDRN, la publication de *La Violation d'un pays* : au milieu de l'année 1927, Lamine Senghor représente le chef de file du radicalisme noir anticolonial en France. Mais l'homme se dépense sans se soucier de sa santé de plus en plus fragile (la création de la LDRN nécessite une nouvelle tournée de recrutement). En mars, il passe quelques nuits en prison à Draguignan, suite à une dispute avec un gendarme ; de plus, il doit s'inquiéter qu'un des résultats de l'enquête à Dakar sur son état-civil sera une décision de réduire le montant de sa pension à celui d'un « sujet ». En juillet, le Sénégalais part se reposer dans le Var où est installée sa famille, mais son état continue de s'aggraver. En août, un désastre le frappe : Diène, son jeune fils, meurt subitement et Senghor est trop malade pour assister à son enterrement (voir Annexe 11, p. 143-144). Comme à la fin de 1926, son absence de Paris sème le doute parmi les membres de l'Exécutif et cette fois-ci même Kouyaté, son collègue le plus proche, l'accuse de malversation des fonds de la Ligue.

Les auteurs des rapports du CAI soutiennent ces accusations mais ne fournissent pas de preuves concrètes que Senghor ait cherché à frauder ses collègues. Nous sommes d'accord avec Philippe Dewitte qui souligne le manque de structures organisationnelles de tous les mouvements noirs de l'époque : comme Président du CDRN et de la LDRN, Senghor utilise l'argent de la caisse pour régler ses importants frais de déplacement et certaines dépenses familiales sans avertir ses collègues, mais utilise également sa pension pour subvenir aux besoins professionnels quand il le faut (et pourquoi pas, doit-il penser, puisqu'il utilise sa pension de tirailleur pour payer les dettes de la Ligue ?)[1]. Dans une lettre du 30 octobre 1927, Senghor donne sa démission à l'Exécutif mais elle est refusée tant qu'il ne se serait pas expliqué sur les finances de la LDRN[2]. Mais Senghor ne pourra jamais

---

[1] Ces problèmes de comptabilité rappellent le cas de Garvey qui finit en prison pour fraude largement à cause des insuffisances logistiques de son mouvement qui n'arrivait pas à documenter les contributions des milliers d'adhérents aux différents projets imaginés par le Jamaïcain.

[2] Voir note (non signée) du 26 novembre 1927 : ANOM Slotfom 3, Carton 24.

s'expliquer : il meurt le 25 novembre à Fréjus en compagnie de quelques militants du PCF, sa femme étant déjà partie avec sa fille. Le hasard veut que ce même jour l'imprimeur de *La Violation d'un pays* présente une facture pour sa publication à Kouyaté qui râle contre son Président. La LDRN n'appendra sa mort qu'une semaine plus tard en lisant sa nécrologie dans les pages de *L'Humanité*[1].

Les circonstances de la mort de Lamine Senghor sembleraient prouver que son premier attachement était au communisme. Mais même la nécrologie dans *L'Humanité* tout en soulignant « un des meilleurs champions de l'affranchissement des peuples coloniaux opprimés par le capitalisme » parle d'un « ardent militant qui n'hésita pas à sacrifier sa santé fortement ébranlée pour la défense de ses frères de race » (Annexe 11, p. 145). Avec le décès de Senghor, la LDRN tire discrètement le voile sur les questions financières, mais les membres de la LDRN (qui sont de moins en moins nombreux en ce début de 1928) semblent peu enclins à fêter la mémoire de leur ancien président, sans doute suite aux rumeurs qui circulaient dans les mois qui précédèrent sa mort. Le 10 décembre 1927, l'agent du CAI note laconiquement qu'une collecte pour la veuve et la fille de Senghor ouverte depuis une semaine n'aurait reçu que trois souscriptions et un montant dérisoire de 20 francs[2]. Mais dans d'autres notes du CAI, on semble prendre conscience du mauvais coup reçu par le mouvement qui perd un orateur hors pair et un chef de grand talent : le 3 janvier 1928, un agent signale qu'un mythe se répand autour de la mort de Senghor : « au moment de mourir Senghor aurait dit : "Les blancs ont de la chance ! L'année prochaine..." et il aurait rendu le dernier soupir sans pouvoir finir d'exprimer sa pensée »[3]. Plus tard,

---

[1] Voir la note (non signée) du 3 décembre 1927 : ANOM Slotfom 3, Carton 24.

[2] ANOM Slotfom 3, Carton 24.

[3] ANOM Slotfom 3, Carton 37.

une autre légende se répand selon laquelle Lamine Senghor serait mort en prison, ce qui ferait de lui une victime de la répression de la France colonialiste : Willi Münzenberg de la Ligue contre l'impérialisme semble avoir été à l'origine de ce mythe qui fit longue vie puisqu'on le retrouve dans les écrits de critiques récents comme Robert Young et Vijay Prashad[1].

Dans la nécrologie enfin publiée dans *La Race Nègre* en mai 1928 (dans le désarroi qui suit la mort de Senghor, la Ligue mettra six mois avant de sortir le prochain numéro du journal), on évoque son communisme en passant, mais on proclame surtout qu'« il est mort soldat de sa race » (Annexe 11, p. 149). La LDRN et les organisations qui en dérivent survivent jusqu'à la veille de la deuxième guerre mondiale (et connaissent certains moments de relatif succès comme pendant la campagne contre l'invasion italienne de l'Éthiopie), mais le mouvement noir ne retrouve pas un chef de la qualité de Lamine Senghor. Cinq ans après sa mort, en novembre 1932, lors d'une réunion de « communistes noirs », les militants parlent de la difficulté de réunir les différentes communautés noires et Kouyaté annonce que « parmi les Africains un seul a été capable de faire cette propagande, c'est Lamine Senghor »[2].

Enfin, que retient-on de Lamine Senghor dans l'histoire politique et intellectuelle des mouvements noirs de l'entre-deux-guerres ? Dans la plupart des histoires politiques de cette période, la contribution de Lamine Senghor est

---

1 On retrouve les origines de ce mythe dans les archives de la Ligue : IISH Carton 2, Dossier 100. Voir aussi l'article de Münzenberg, « From Demonstration to Organization », *The Anti-Imperialist Review*, 1.1 (juillet 1928), p. 4-10 (p. 5). Pour des articulations récentes du mythe, voir Young, *Postcolonialism*, p. 260 (dans cette version, Senghor aurait été arrêté dès son retour de Bruxelles et libéré peu avant sa mort) ; et Vijay Prashad, *The Darker Nations : A People's History of the Third World*, NY & Londres : The New Press, 2007, p. 23.

2 Rapport de l'Agent Paul, 29 novembre 1932: ANOM Slotfom 5, Carton 23.

reconnue par tous (Dewitte, Biondi, Liauzu et plus récemment Ndiaye), mais il existe très peu d'études approfondies de sa carrière et de ses écrits (les thèses de Steins et Sagna, ainsi que la biographie récente en allemand par Amadou Lamine Sarr sont des exceptions). Par contre, dans le domaine des études culturelles ou surtout littéraires, il est souvent absent, sa contribution à l'évolution du débat « noir » et anticolonialiste jeté aux oubliettes[1]. En 1963, Lilyan Kesteloot publie la première histoire de la littérature négro-africaine[2], livre dans lequel elle présente la Négritude comme naissance d'une conscience « noire » dans le monde francophone : Lamine Senghor et les autres anticolonialistes des années 1920 n'y figurent pas. À ce moment-là, la mémoire du militant sénégalais semble avoir été totalement effacée dans l'historiographie littéraire et culturelle. C'est le chercheur américain Christopher L. Miller, suivant les traces de Martin Steins, Papa Samba Diop et Guy Ossito Midihouan qui attire l'attention de la critique sur le caractère pionnier des idées de Lamine Senghor. Et il souligne l'importance de livres comme celui de Kesteloot dans la construction d'une certaine idée de l'histoire littéraire : « Le passé fut déjà organisé pour nous, divisé en périodes et transformé en histoires – origines, naissances, évolutions » (Miller, p. 11). Or, chez Kesteloot, la littérature noire francophone, c'est la Négritude, la rencontre entre Césaire, Damas et Senghor ; l'influence des écrivains de la Harlem Renaissance est notée, ce qui sert à renforcer une identité noire « atlantique », mais le rôle qu'aurait pu jouer le communiste Lamine Senghor y est difficilement intégré. Bien sûr, cette vision connaît depuis longtemps des corrections et des défis intellectuels mais les piliers restent en place : même

[1] Pour une analyse plus approfondie des questions autour de la construction des généalogies littéraires et/ou intellectuelles, voir notre article, « Birth of a Nation ? The Origins of Senegalese Literature in French », *Research in African Literatures*, 39.1 (2008), p. 48-69.

[2] Lilyan Kesteloot, *Les Écrivains noirs de langue française : naissance d'une littérature*, Bruxelles : Université Libre de Bruxelles, 1963.

de récentes études brillantes, comme celle de Buata B. Malela, *Les Écrivains afro-antillais à Paris (1920-1960)*, traitent de cette période sans évoquer même une seule fois Lamine Senghor[1].

Personne ne songerait à contester l'idée que *La Violation d'un pays* partage les qualités littéraires qu'on retrouve chez un Léopold Senghor ou un Aimé Césaire. Mais pour Miller, faire valoir les idées sur la base de critères littéraires dans le contexte colonial de l'entre-deux-guerres est un geste beaucoup plus complexe qu'on ne l'admet d'habitude :

> Dans certain de ces textes, un manque de prétention littéraire semble rendre possible une critique de la France qui est bien plus radicale que celles qui vont suivre pendant de longues années ; ces écrivains d'un milieu moins élitiste et d'une moindre sophistication esthétique étaient moins inféodés au système [colonial] français. (Miller, p. 10)

En effet, Lamine Senghor, ainsi que bien d'autres militants de l'UIC et des mouvements noirs des années 1920, tentait de créer un langage politique et culturel qui réunirait les différents peuples colonisés en prônant de nouvelles formes de solidarité. Et cette période mérite une plus grande attention dans l'élaboration de l'histoire des idées qu'elle ne reçut jusqu'ici. Il ne s'agit pas simplement de donner une nouvelle vie au tiers-mondisme largement écarté du vocabulaire critique depuis une trentaine d'années mais plutôt d'essayer de tracer ces expressions de solidarité et d'identité transnationales.

Ce recueil des écrits de Lamine Senghor, réunis ici pour la première fois, pourrait contribuer à plusieurs projets de recherche dont : le développement d'une histoire plus com-

---

[1] Idem dans l'ouvrage dirigé par V. Y. Mudimbe sur la négritude et *Présence africaine* : *The Surreptitious Speech :* Présence Africaine *and the Politics of Otherness, 1947-1987*, Chicago : University of Chicago Press, 1992. Nous ne cherchons pas à créer des boucs émissaires : nous avons nous aussi à battre notre coulpe à cet égard.

plexe de la « présence » noire en France (*pace* Ndiaye) ; la problématisation de l'histoire littéraire noire (*pace* Miller) ; une meilleure compréhension du « transnationalisme » noir des années 1920 (*pace* Edwards) ; l'histoire d'un anticolonialisme de l'entre-deux-guerres constamment relégué au rôle de précurseur ; et, enfin, réinsérer les peuples colonisés au sein de l'histoire de la gauche en France et de l'histoire de la France tout court.

L'évolution de la pensée politique de Lamine Senghor exprime une frustration avec les limites d'un communisme censé être global mais qui est principalement centré sur les intérêts de l'Europe. Or, la tentation serait de lire son expression d'une pensée panafricaniste en 1926-27 comme un refus de l'universalisme communiste en faveur du transnationalisme d'un monde noir. De plus, l'Union Intercoloniale finit par éclater en différents mouvements nationaux pour l'indépendance. Le rêve d'une communauté de pensée et d'action globale est-il donc toujours voué à l'échec ? Voilà des questions importantes en ce début de 21e siècle, qui tout comme les années 1920, est marqué par une crise économique mondiale, des tentatives de créer des formes de solidarité globale et également locale pour contrer la domination du capitalisme, mais aussi par un regain de la xénophobie contre les populations immigrées dans beaucoup de pays européens.

Le rêve utopique d'une révolution planétaire qu'on retrouve dans *La Violation d'un pays* exprime un espoir qui, pendant une bonne partie du 20e siècle, motiva des millions d'hommes et de femmes à travers le monde : les écrits de Lamine Senghor dans les années 1920, ceux de C. L. R. James à partir des années 1930, ainsi que ceux d'après la deuxième guerre mondiale d'Ousmane Sembene ou de Frantz Fanon, nous montrent les relations complexes entre la solidarité de classe et la solidarité raciale. Nous espérons que ce livre contribuera à une meilleure compréhension de cette histoire négligée.

NOTE TECHNIQUE ET REMERCIEMENTS

Les écrits de Lamine Senghor sont répartis entre plusieurs archives. La seule copie de *La Violation d'un pays* que nous ayons pu consulter au cours de nos recherches se trouve aux Archives Nationales d'Outre-mer (ANOM) à Aix-en-Provence (Slotfom 5, cartons 19-20) : ANOM possède aussi une copie en microfilm qui est tirée d'une photocopie du texte conservé aux Archives Nationales du Sénégal à Dakar. On retrouve également à Aix les premiers numéros de *La Voix des Nègres* et de *La Race Nègre*. Plus difficiles à localiser sont les numéros du *Paria* : certains peuvent être consultés en microfilm à l'ANOM, d'autres à la Bibliothèque nationale de France à Paris mais les deux collections sont lacunaires.

Parmi les textes dans la section des « autres écrits » de Lamine Senghor, nous avons choisi d'inclure certains qui sont signés « Le Bureau » ou « Le Comité » ; en tant que militant, Lamine Senghor est engagé dans un travail collectif où des textes sont souvent écrits à plusieurs mains, et nous avons jugé légitime de lui attribuer la paternité (partagée bien sûr) de certains articles anonymes ou signés par un collectif. Parmi ces textes, nous n'avons retenu que ceux qui portent sur des thèmes chers au militant sénégalais : pensions des tirailleurs, les méfaits de Blaise Diagne, etc. À partir d'août 1927, l'état de santé de Lamine Senghor se dégrade rapidement ; or, le dernier texte retenu est un article paru dans le numéro de *La Race Nègre* qui date de septembre 1927 mais qui était déjà prêt en juillet (et n'a pu, faute de moyens, être publié avant la rentrée). L'orthographe est respectée, y compris celle de « Riffains » valable à l'époque, tout commentaire de notre part étant indiqué entre crochets. Un triangle d'astérisques sépare deux textes ; trois astérisques alignés indiquent un changement de section dans un seul et même texte.

Les sources les plus riches de renseignements sur la carrière militante de Lamine Senghor sont : les Archives Nationales d'outre-mer (ANOM) à Aix-en-Provence, les Archives Nationales du Sénégal (ANS), et l'International Institute for Social History à Amsterdam (IISH) où l'on retrouve l'archive de la Ligue contre l'impérialisme. Nous tenons à remercier les archivistes qui ont facilité nos recherches dans ces trois établissements.

Nous avons aussi reçu l'aide de beaucoup d'autres gens dans la préparation de ce livre. Roger Little fut l'éditeur idéal et nous lui sommes infiniment reconnaissant de nous avoir proposé la préparation de ce livre et de l'avoir accompagnée de près : c'est un grand honneur de figurer sur la liste des auteurs de cette collection. Je remercie vivement Alain et Françoise Langlaude, ainsi que J.-B. Ndiaye, qui ont cherché en vain la tombe de Lamine Senghor à Fréjus. Les participants à la journée d'étude sur le panafricanisme à l'Université de Londres à Paris (24 septembre 2012) ont apporté des nuances à notre réflexion sur l'internationalisme noir des années 1920. Emmanuelle Radar et Nick Harrison ont partagé avec nous des copies de textes rares de l'entre-deux-guerres. Comme toujours, Aedín Ní Loingsigh nous a aidé à remettre de l'ordre dans nos idées lorsque nous risquions le naufrage intellectuel entre plusieurs projets inachevés. Jean-Michel DesJacques et Pierre-Philippe Fraiture ont relu et corrigé des ébauches de l'introduction avec leur intelligence et leur méticulosité habituelles : s'il reste des erreurs dans le texte, elles sont attribuables à l'auteur. Enfin, c'est grâce à *The British Academy* et *The Carnegie Trust for the Universities of Scotland* que nous avons pu poursuivre nos recherches sur ce livre : nous sommes très reconnaissant de leur aide.

D. M.

LISTE DES ABRÉVIATIONS

Archives :

ANOM : Archives Nationales d'outre-mer, Aix-en-Provence
(Slotfom = Service de liaison avec les originaires des territoires français d'outre-mer)
ANS : Archives Nationales du Sénégal, Dakar
IISH : International Institute for Social History, Amsterdam

Services coloniaux et principaux mouvements et journaux noirs et/ou anticolonialistes mentionnés dans le texte :

CAI : Service de Contrôle et d'assistance aux indigènes
CDRN : Comité de Défense de la Race Nègre, fondé par Lamine Senghor en mars 1926
LDRN : Ligue de Défense de la Race Nègre, fondée par Lamine Senghor an mars-avril 1927
LUDRN : Ligue Universelle de Défense de la Race Nègre, mouvement fondé par Kojo Tovalou Houénou
SFIO : Section Française de l'Internationale Ouvrière
UIC : L'Union Intercoloniale : mouvement anticolonialiste, fondé en 1921, et lié au Parti Communiste Français

Les Continents : journal de la LUDRN
Le Paria : journal de l'UIC
La Race Nègre : journal de la LDRN
La Voix des Nègres : journal du CDRN

Enfin, les groupements outre-Atlantique :

NAACP : National Association for the Advancement of Colored People
UNIA : United Negro Improvement Association

BIBLIOGRAPHIE SÉLECTIVE

Écrits de Lamine Senghor

Brochure

La Violation d'un pays, Paris : Bureau d'éditions, de diffusion et de publicité, 1927

Articles

« Un Procès nègre », *Le Paria*, 31 (novembre-décembre 1924)

« Au Sénégal : La Solidarité prolétarienne entre européens et indigènes », *Le Paria*, 33 (mai 1925)

« Les Riffains ne sont pas seuls ! Ils ont avec eux le monde des opprimés », *Le Paria*, 34 (juin-juillet 1925)

« En Afrique Occidentale française – Le travail forcé pour les Indigènes », *Le Paria*, 36-37 (septembre-octobre 1925)

« Le réveil des nègres », *Le Paria*, 38 (avril 1926)

« Ce qu'est notre Comité de Défense de la Race Nègre », *La Voix des Nègres*, 1 (janvier 1927)

« Le Mot *Nègre* » [Signé : Le Comité], *La Voix des Nègres*, 1 (janvier 1927)

« À TOUS NOS FRERES ! » [Signé : Le Comité], *La Voix des Nègres*, 1 (janvier 1927)

« Nègres, en garde ! », [Signé : Le Bureau Exécutif], *La Voix des Nègres*, 1 (janvier 1927)

« Pourquoi sommes-nous infériorisés ? » [Article non signé] *La Voix des Nègres*, 1 (janvier 1927)

« La question nègre devant le congrès de Bruxelles. La lutte contre l'oppression coloniale et l'impérialisme » et « Le Discours de Senghor », *La Voix des Nègres*, 1 [*sic*] (mars 1927)

« La question nègre devant le Congrès de Bruxelles. Résolution commune sur la question nègre : les décisions du congrès » [Document collectif], *La Voix des Nègres*, 1 [*sic*] (mars 1927)

« Diagne au Sénégal » [Article non signé], *La Voix des Nègres*, 1 [*sic*] (mars 1927)

« Debout les Nègres », *La Race Nègre* (juin 1927)

« Camarades sénégalais, en garde ! » [Signé : La Race nègre], *La Race Nègre* (juin 1927)
« Servez, servez la Mère Patrie » [Article non signé], *La Race Nègre* (juin 1927)
« Avertissement : À nos frères antillais fonctionnaires dans les colonies françaises de populations noires » [Article non signé], *La Race Nègre* (juin 1927)
« La générosité française sous la IIIe République » [Signé : La Race Nègre], *La Race Nègre* (septembre 1927)

Ouvrages pertinents

Baldwin, Roger, « The Capital of the Men without a Country », *The Survey* (1 August 1927), p. 460-468
Biondi, Jean-Pierre, avec la collaboration de Gilles Morin, *Les Anticolonialistes (1881-1962)*, Paris : R. Laffont, 1992
Blanchard, Pascal *et al.*, *La France Noire : trois siècles de présences*, Paris : La Découverte, 2011
Challaye, Félicien, *Souvenirs sur la colonisation* [1935], rééd. sous le titre *Un livre noir du colonialisme : « Souvenirs sur la colonisation »*, Paris : Les Nuits rouges, 1998
Cornevin, Robert, « Du Sénégal à la Provence : Lamine Senghor (1889-1927), pionnier de la négritude », *Provence historique*, tome XXV, fascicule 99 (janv.-mars 1975), p. 69-77
Coty, François, *Contre le communisme*, Paris : Grasset, 1928
Dewitte, Philippe, *Les Mouvements nègres en France, 1919-39*, Paris : L'Harmattan, 1985
Dieng, Amady Aly, *Blaise Diagne, premier député africain*, Paris : Chaka, 1990
Diop, Papa Samba, « Un texte sénégalais inconnu : *La Violation d'un pays* (1927) de Lamine Senghor », *Komparatistische Hefte*, 9-10 (1984), p. 123-128
Edwards, Brent Hayes, *The Practice of Diaspora : Literature, Translation and the Rise of Black Internationalism*, Cambridge, MA : Harvard UP, 2003
Front Culturel Sénégalais, *Lamine Senghor, vie et œuvre*, Dakar, 1982
Gautherot, Gustave, *Le Bolchévisme aux colonies et l'impérialisme rouge*, Paris : Alexis Redier, 1930

Girardet, Raoul, *L'Idée coloniale en France*, Paris : Table Ronde, 1972

Johnson, G. Wesley, *Naissance du Sénégal contemporain : aux origines de la vie politique moderne, 1900-1920*, traduit de l'anglais par François Manchuelle, Paris : Karthala, 1991

Julien, Charles-André, *Une pensée anticoloniale : positions 1914-1979*, Paris : Sindbad, 1979

Langley, J. Ado, « Pan-Africanism in Paris, 1924-36 », *Journal of Modern African Studies*, 7.1 (1969), p. 69-94

Lénine, V. I., *L'Impérialisme, stade suprême du capitalisme*, Paris : Le Temps des cerises, 2001

Liauzu, Claude, *Aux origines des tiers-mondismes : colonisés et anticolonialistes en France 1919-1939*, Paris : L'Harmattan, 1982

Lunn, Joe, *Memoirs of the Maelstrom : A Senegalese Oral History of the First World War*, Portsmouth, NH : Heinemann, 1999)

Mann, Gregory, *Native Sons : West African Veterans and France in the Twentieth Century*, Durham, NC : Duke UP, 2006

McKay, Claude, *Banjo*, traduit de l'anglais par Michel Fabre, Marseille : A. Dimanche, 1999 [1929]

–, –, *Un sacré bout de chemin* [*A Long Way from Home*], traduit de l'anglais par Michel Fabre, Marseille : A. Dimanche, 2001 [1937]

Michel, Marc, *Les Africains et la grande guerre : l'appel à l'Afrique (1914-1918)*, Paris : Karthala, 2003

Midiohouan, Guy Ossito, « Lamine Senghor (1889-1927), précurseur de la prose nationaliste négro-africaine », *in* Papa Samba Diop (éd.), *Sénégal-Forum : littérature et histoire*, Francfort : IKO, 1995), p. 153-167

Miller, Christopher L., *Nationalists and Nomads : Essays on Francophone African Literature and Culture*, Chicago : University of Chicago Press, 1998

Murphy, David, *Lamine Senghor : A Biography*, Londres : Verso, à paraître en 2013

Ndiaye, Pap, *La Condition noire : essai sur une minorité française*, Paris : Calmann-Lévy, 2008

Padmore, George, *Panafricanisme ou communisme ? La prochaine lutte pour l'Afrique*, traduit de l'anglais par Thomas Diop, Paris : Présence Africaine, 1960

Sagna, Olivier, *Des pionniers méconnus de l'indépendance : Africains, Antillais et luttes anticolonialistes dans la France de l'entre-deux-guerres (1919-1939)*, Thèse de doctorat, Paris 7 (1986)

Sarr, Amadou Lamine, *Lamine Senghor (1889-1927). Das Andere des senegalesischen Nationalismus*, Vienne : Böhlau, 2011

Slavin, David H, « The French Left and the Rif War, 1924-25 : Racism and the Limits of Internationalism », *Journal of Contemporary History*, 26.1 (1991), p. 5-32

Steins, Martin, *Les Antécédents et la genèse de la négritude senghorienne*, Thèse de doctorat, Paris 3 (1981)

Thiam, Iba der, *L'Évolution politique et syndicale du Sénégal colonial de 1840 à 1936*, Doctorat d'État, Université Paris 1, 1982-83

Wilder, Gary, *The French Imperial Nation-State : Negritude and Colonial Humanism between the Two World Wars*, Chicago : University of Chicago Press, 2005

Zinsou, Émile Derlin, et Luc Zouménou, *Kojo Tovalou Houénou, précurseur 1887-1936 : pannégrisme et modernité*, Paris : Maisonneuve et Larose, 2004

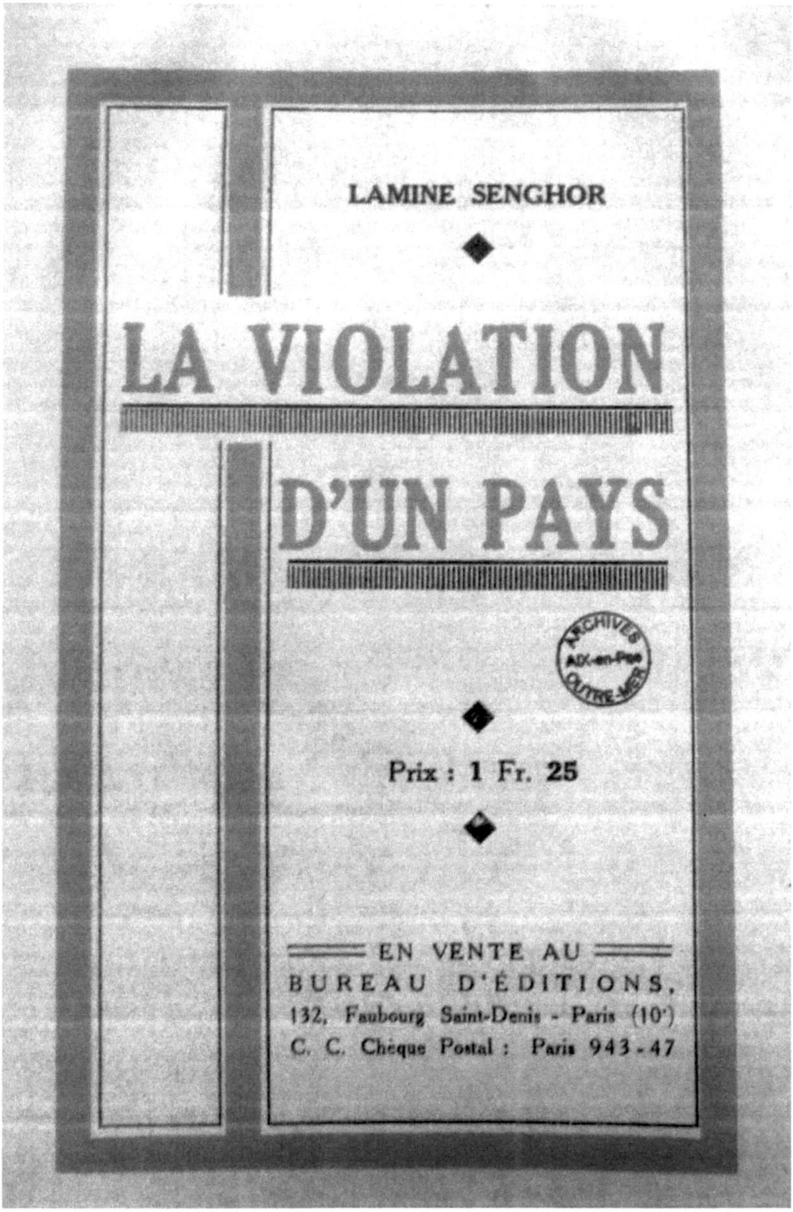

LAMINE SENGHOR

LA VIOLATION D'UN PAYS

Prix : 1 Fr. 25

EN VENTE AU
BUREAU D'ÉDITIONS,
132, Faubourg Saint-Denis - Paris (10e)
C. C. Chèque Postal : Paris 943-47

Couverture de l'édition originale

Préface

Le récit de Shenghor [*sic*] que vous allez lire, c'est, sous une forme hirsute, animée, à la fois simple et frappante, toute l'histoire du colonialisme.

Il possède en même temps que des qualités doctrinales discrètes, les couleurs vives et séduisantes des imageries populaires.

Je l'ai lu d'un trait, comme une légende merveilleuse, aussi cruelle que les contes d'enfant qui forment le fond du folklore de tous les peuples.

Il faut le lire, le faire lire... Il faut qu'il revienne aux pays d'où il est sorti comme une plante des terres chaudes et qu'il y grandisse...

Il faut qu'il aille trouver dans la brousse, au fond des forêts, dans les villages ceux que la guerre, le portage, les corvées déciment impitoyablement.

Il faut que le récit vole de bouche en bouche et que les vieillards, au seuil des cases, le racontent le soir aux femmes et aux jeunes gens...

Ainsi fraterniseront, par-dessus les énormes déserts d'eau ou de sables qui les séparent, les ouvriers de la métropole et leurs frères noirs d'Afrique à la lecture ou à l'audition du simple récit de Shenghor [*sic*], car leur ennemi est le même : l'impérialisme.

Paul VAILLANT-COUTURIER

CHAPITRE 1er

L'HOMME PALE

Il y avait une fois, dans un pays perdu aux fins fonds des brousses, auprès d'une rivière bordée de feuillages qui donnaient à l'eau un bleu vert qu'elle reflétait tout le long de son cours, une maison faite de bois, de roseaux, de paille et d'écorces d'arbres. Dans cette demeure vivait une famille composée d'un sage vieillard, ses femmes et leurs enfants.

Une parfaite entente régnait au sein de cette famille. Rarement un frère se plaignait des agissements d'un frère ou d'une sœur et vice-versa.

Rarement entendait-on des pleurs autres que ceux d'un bébé. On pouvait dire que s'il n'y avait pas eu quelquefois, des petites disputes entre les nombreuses femmes du pauvre vieillard, qui se jalousaient de petites faveurs de leur mari, cette maison aurait bien mérité le nom que le bon vieux avait bien voulu, si philosophiquement lui donner : *M'Bine Diam* – la maison de la paix – car il y avait tout ce qui leur fallait pour y vivre tranquilles et heureux.

Mais un jour, les enfants en se baignant dans la rivière, aperçurent une barque qui faisait escale au village. Ils coururent répandre la nouvelle à la maison. Tout le monde voulait savoir qui c'était. Ceux qui le pouvaient, accoururent et laissèrent les autres à la maison. Mais lorsqu'ils arrivèrent près de la berge, ils aperçurent avec grand effroi, que l'homme qui débarquait chez eux avait la figure si pâle qu'on aurait dit la peau d'un poulet déplumé. Il avait en outre, sous les narines, et au-dessus de la lèvre supérieure, des poils aussi longs qu'un porte-plume. Et pour comble d'originalité, « l'homme pâle » n'avait pas de barbe.

Pensez donc, jamais ! au grand jamais ! ces pauvres gens n'avaient encore vu personne de cette couleur. Ils ne pouvaient s'imaginer qu'il existât d'autres couleurs humaines que celles qui rappellent les couleurs du bois d'ébène ou de l'acajou. Or, à la vue d'une figure si pâle, une lèvre supérieure si garnie de poils aussi longs et redressés des deux côtés de la face, comme des cornes sur la tête d'une vache : les gosses se sauvèrent, les adultes se tinrent à distance assez large... les yeux hagards, ils regardaient curieusement cet homme si pâle et si diaboliquement poilu.

Ce voyageur phénoménal leur ayant fait signe de la main d'approcher, les plus hardis s'avancèrent.

Il leur fit comprendre de son mieux, par des signes, et un langage analogue à celui des « cathios-cothios » (genre de serin, mais d'un jaune plus prononcé et, encore plus bavards que les serins) qu'il leur avait apporté de son pays, des bagatelles très jolies, dont ils seraient ravi[s] et qu'il les leur

donnerait en échange d'autres bagatelles qu'il choisirait dans leur pays.

La curiosité de voir ces objets tant vantés par leur hôte ; surtout des bagatelles provenant d'un pays où vivent les êtres d'une telle pâleur d'épiderme les impatientaient [*sic*]. Et ils faisaient des signes d'approbation en inclinant la tête, sans la plupart du temps, comprendre ce que le commerçant leur expliquait.

Remarquant que sa clientèle s'impatientait de voir sa marchandise, « l'homme pâle » sortit de sa barque, des fourbis de toutes sortes, de toutes les couleurs qu'il présenta au public.

La peur (effet que produit chez les âmes faibles, le premier contact avec une personne d'une couleur inaccoutumée dans un pays), s'étant dissipée, ceux qui n'osaient pas approcher à première vue de « l'homme pâle », s'approchèrent et se rassemblèrent petit à petit, autour de celui qui était l'objet de leur grand effroi. De loin, on aurait dit des vautours sur des cadavres, victimes d'une guerre impérialiste, sur un champ de bataille africain !...

« L'homme pâle » déballait des bouteilles, des bottes, des sacs, des bouts de fer, des morceaux de cuir, du bois travaillé etc., etc...

Il y en avait de chez le marchand de bric-à-brac, de chez l'épicier, de chez le charcutier, de chez le mercier et du bazar du coin ; mais ses meilleurs fournisseurs avaient été le distillateur et l'armurier ; le *pharmacien*, le *libraire* et... « *l'humanité* » n'avaient pas, comme par hasard, reçu des commandes du bazardmann [*sic*] ambulant...

En ce temps-là, dans ce pays, on ne faisait quoi que ce soit, sans avoir l'avis des personnes plus âgées. Cette charte de la loi naturelle de leur pays, les obligea de dire à leur hôte de les suivre pour aller faire voir ses bagatelles à ceux qui portaient de longues barbes blanches et qui étaient restés à la maison.

Ils réussirent à faire comprendre leur désir au marchand par les signes qui accompagnent les explications de voir : (le doigt sur l'œil) et barbes blanches (faire semblant de caresser une longue barbe et toucher un objet blanc). Il rassembla ses clics et ses clacs puis suivit ses clients vers le village qui n'était qu'une seule maison garnie d'innombrables cabanes cylindriques, formant un cercle avec une cour commune au milieu.

Arrivé à la maison, après avoir été aidé à étaler ses bagages « l'homme pâle » déboucha des bouteilles et versa à boire aux vieux ; ouvrit des boîtes et fit goûter à tous, ce que celles-ci contenaient.

Comme dans ce pays-là, on ignorait ce que c'était de vendre et d'acheter, le chef du village ordonna qu'on promen[ât] son « pâlot » à travers cases, greniers, granges, basse-cour, écuries, troupeaux et champs ; qu'on lui présent[ât] même de la poudre d'or et toute autre chose susceptible de l'intéresser. On le promena partout ; il fut conduit sous les hangars, dans les cases, dans les champs, au troupeau, à l'écurie et partout où il y avait des choses intéressantes. Partout le « pâlot » palpait tout ce qui était palpable, touchait à tout et, s'emparait de tout ce qui lui plaisait !

Jamais marchand ne trouva une telle aubaine !

Il avait pris des défenses d'éléphants, des cornes, des griffes et des peaux de bêtes sauvages, du bétail, des poules et des cabris, des fruits, des bijoux en or et en argent et même une bonne quantité de poudre d'or.

Son choix terminé, on l'aida à charger sa barque.

Quand celle-ci fut chargée jusqu'à ce qu'il n'y eut [*sic*] plus de place, le pâlot fut obligé de laisser le reste avec un cœur bien gros.

Les villageois prièrent le commerçant chanceux de revenir passer un moment à la maison, en dînant avec eux, ce qu'il comprit tout de suite, en voyant celui qui lui expliquait cela, porter sa main à sa bouche : il le suivit.

Dès son arrivée à la maison, on le fit asseoir sur une natte, on lui donna du couscous à la viande à manger et du lait à boire. Il mangea beaucoup mais but très peu !...

Après le festin on organisa la danse, les jeunes gens battirent « les sabars » et les « gorongs » les filles chantèrent, battirent des mains et dansèrent le « radio »[1] ; tandis que les vieux faisaient honneur aux bouteilles que l'homme pâle leur avait fait goûter. On dansa, on chanta, et, surtout on but, jusqu'à très tard dans la nuit.

« L'homme pâle voyant le résultat de son aventure dépasser tout son espoir, manifesta le désir de rentrer dormir, pour partir avec la marée, au moment où les coqs chanteraient : cocorico !

Le vieillard ordonna la cessation de la fête. Ce fut fait sur le champ.

Il commanda à l'un de ses fils de conduire leur hôte à la barque.

Après les adieux d'usage et les souhaits de bon voyage, ils rentrèrent tous chacun dans leur case.

Dégou Diagne, une lance sur l'épaule, marchait devant l'homme pâle vers la berge.

L'École du Crime

En cours de route, l'étranger dit à Dégou Diagne : j'ai un fétiche que j'aurais voulu te donner, si tu n'as pas peur de faire ce que je te demanderai.

– Je n'ai jamais eu peur de rien, tu vois, que c'est pour cela même, que mon père m'a choisi pour t'accompagner seul sur la berge.

---

[1] [Référence à des tambours et à des danses de la Sénégambie.]

– Voici mes conditions lui dit « l'homme pâle » : tu m'amèneras demain, avant que le soleil soit au milieu du ciel, un de tes frères que tu me livreras contre mon fétiche. Je t'attendrai là-bas au tournant du fleuve où j'attacherai ma barque.

Dégou Diagne frémit, en entendant « l'homme pâle » faire une telle proposition !

Mais celui-ci continua : Le fétiche que je te donne vaut plus qu'un garçon !!! Si tu connaissais sa valeur, tu n'aurais pas hésité à l'accepter. Pense donc ! Il n'y aurait que toi qui en aurais un pareil dans tout le pays !

– Avec ce fétiche tu n'auras pas besoin de lance pour te défendre contre les bêtes sauvages et les hommes méchants. Je te dirai le secret, quand tu m'apporteras le garçon : mais donne-moi ta parole, afin que je t'attende demain, là-bas, où personne ne nous verra pas [*sic*].

L'orgueil de posséder un fétiche que personne n'aurait dans tout le pays et l'ensorcellement de cet homme, qui ne parlait pourtant pas la langue de Dégou Diagne ! avaient agi sur son âme, et avaient fini par le subjuguer. Dégou Diagne accepta la proposition de « l'homme pâle ».

Ils se quittèrent, en se donnant rendez-vous pour le lendemain au tournant du fleuve.

Quand Dégou Diagne fut rentré au village, tout le monde dormait déjà. Il se coucha, mais ne put dormir avec les cauchemars que l'effet de l'affaire conclue avec « l'homme pâle » lui causaient.

Il se leva un peu plus tard que d'habitude ; après le petit déjeuner matinal, il pria deux de ses frères de l'accompagner pour aller chercher des branches d'arbres, sous prétexte de réparer deux parties de la case de sa mère. Ses frères l'accompagnèrent. Ils prirent la direction du fleuve, au tournant, où il prétendait avoir remarqué, une fois de belles branches. Le soleil était déjà un peu haut, quand ils arrivèrent au lieu de rendez-vous des deux complices du crime prémédité. « L'homme pâle » à la bouche poilue les y attendait.

D'un air surpris, Dégou Diagne cria : Voilà la barque de notre hôte d'hier.

– Il se repose peut-être de la fatigue de sa journée d'hier. Allons le voir un instant. « L'homme pâle » qui avait déjà entendu les voix, leva la tête et reconnut son complice de la veille. Il sortit de sa barque et vint à la rencontre de Dégou Diagne. Il avait dans la main un instrument, assez long de trois coudées, fait de bois et de fer. Dans l'autre main une boîte et une petite pochette de toile grise.

Il attira son complice à l'écart, lui remit le fétiche, de la poudre noire et mystérieuse dans une boîte et des petites boulettes en fer que la pochette contenait. Il lui expliqua comment se servir du fétiche.

Quelques instants après, Dégou Diagne revient vers ses frères et demanda au marchand de fétiches, de désigner celui qu'il choisissait entre les deux.

À ces mots les deux garçons prirent peur et voulurent se sauver ; mais « l'homme pâle » avait déjà saisi l'un d'entre eux et l'attachait. À la vue de cela, le second voulut se sauver pour aller apporter la nouvelle du crime à la maison. Dégou Diagne craignant d'être dénoncé eut l'occasion de se servir de son fétiche, il mit son frère en joue et tira comme « l'homme pâle » lui avait indiqué tout à l'heure, sur une petite chose en forme de languette qui était sous le ventre du fétiche. Un formidable coup se fit entendre ! un paoum... que répétèrent les échos à travers les bois, houm, m... n... n... !

Le fétiche avait craché du fer, du feu et de la fumée sur le jeune homme qui s'enfuyait.

Le dos et la tête troués de part et d'autre ; le jeune homme était étendu à terre, mort foudroyé ! si brutalement qu'on aurait dit l'effet de la foudre ! L'enseignement criminel commençait à porter ses fruits !

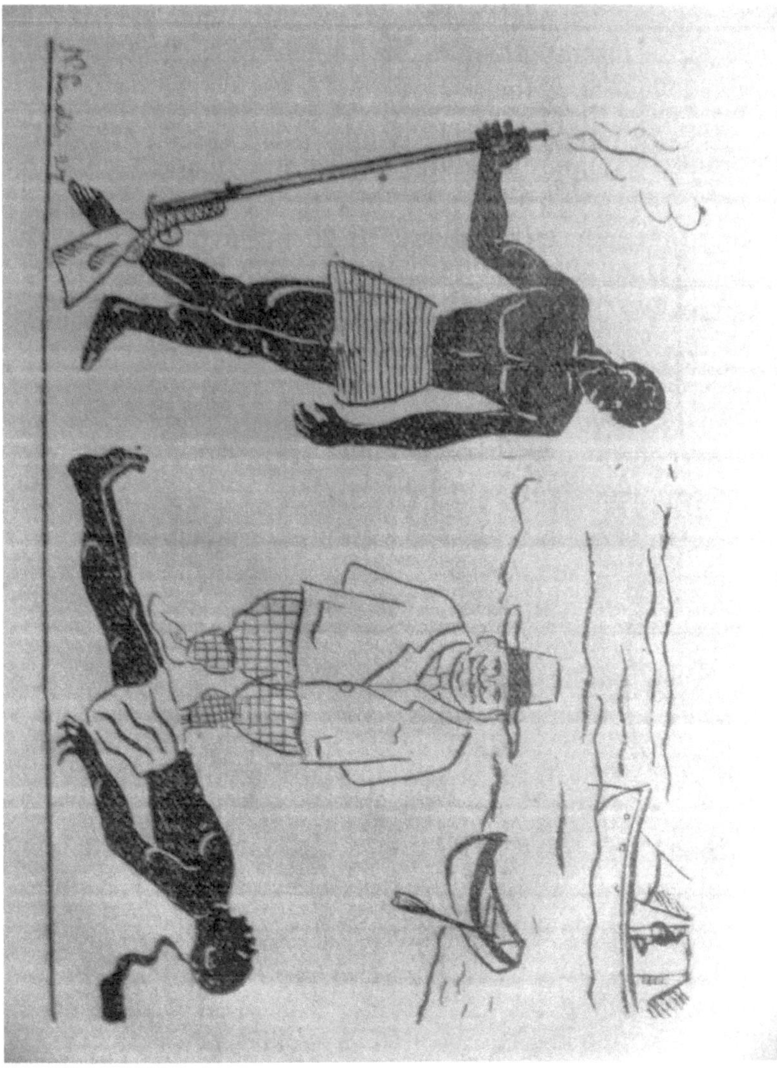

Le Mensonge de l'Assassin

Dégou Diagne aidé de « l'homme pale », enterra son frère qu'il avait assassiné, pour cacher les traces de leur crime ; après cet enterrement intéressé et non humanitaire, les criminels se dirent adieu, sur la tombe qui fut l'ineffaçable marque de leur assassinat.

L'un s'en alla avec sa barque, voguer dans les eaux, emportant avec lui un homme arraché au milieu de ceux qu'il aimait le plus sur la terre. Trahison d'un frère ! Le captif emportait un cœur en deuil du frère assassiné dans les bois et des parents chéris qu'il n'avait plus l'espoir de revoir !!!...

Tandis que l'autre rapportait à la maison paternelle, un double deuil dont il fut l'auteur en trahissant ses frères.

Avec une figure hypocrite d'assassin, il arriva à la maison sans bois, sans outils, sans frères, mais avec l'esprit corrompu plein de mensonge qu'il avait appris à l'école de « l'homme pâle » avant leur séparation.

Il avait les yeux mouillés de larmes de crocodile ! cependant que son esprit d'assassin fomentait un récit sensationnel pour expliquer la disparition de ses frères.

Le père le voyant arriver avec une figure douloureuse, l'interrogea tout de suite. Dégou Diagne ! dit-il, qu'est-ce qu'il y a donc d'arrivé, que tu reviennes seul et si douloureux ?

– Père ! tu as dû entendre, il y a quelques instants, un formidable coup ? On aurait cru un coup de tonnerre !...

– En effet dit le père, je m'étonnais même d'entendre le tonnerre en pleine saison sèche et je ne savais à quoi attribuer l'écho que mes oreilles avaient intercepté.

(Il n'avait jamais entendu un coup de fusil le bon vieux.)

– Eh bien mon père, ce formidable cri était sorti de la gueule d'un monstre que je n'avais jamais vu de ma vie. Il était plus grand qu'un cheval et deux fois plus gros qu'un bœuf. Il a quatre pattes, deux ailes, la gueule a la forme de celle d'un serpent, mais trois fois plus large que celle d'un caïman !!!

– Nous étions en train de chercher les branches dont j'avais besoin pour refaire la case de ma mère qui n'est plus guère solide, lorsque cette bête s'est jetée sur mes deux frères, qui étaient à trente pas de moi, les serrant chacun sous une aile, et s'envola en poussant ce formidable cri !!!

– Je m'étais caché sous un arbre, le regardant tourner ses yeux qui brillaient comme le feu le plus rouge ; et mes frères criaient sous ses ailes, qui semblaient avoir des griffes pour les y accrocher. Il les a emportés vers la mer. Je ne suis sorti de ma cachette, que lorsque je ne l'ai plus aperçu dans les cieux !!!

Ce formidable récit de mensonges, que toute la famille écoutait avec émotion, avait bouleversé tous les cœurs et tout le monde se mettait à pleurer, le fratricide avec eux !...

Toute la journée, toute la nuit, les mères pleurèrent à chaudes larmes, le père aussi. Le criminel faisait fonction de chef d'orchestre dans ce concert.

Trois jours après leur disparition, on fit les prières d'usage devant les autels de leurs Dieux et un grand festin en leur honneur. Cette année-là eut deux surnoms : l'année de l'homme pâle ou l'année du monstre.

Bonheur de l'un, malheur de l'autre

L'homme pâle arrivait dans son pays avec une barque pleine de richesses ; il débarquait les choses les plus rares et par dessus le marché un petit garçon dont le corps était d'une couleur d'ébène ! (chic).

L'homme pâle qu'on appelait « Bourgeois » dans son pays, s'enorgueillissait de son exploit et de la réussite de son voyage.

Dans tout le pays, on se faisait honneur d'inviter le sieur « Bourgeois » ou d'aller chez lui, se faire conter le récit de son voyage en exhibant son esclave couleur d'ébène.

Cet exploit avait tellement excité les esprits aventureux et l'orgueil de ses concitoyens, qu'ils s'associèrent pour entreprendre une expédition de plusieurs bateaux pour l'année suivante !!!

Quant à Dégou Diagne, il portait sur son épaule et en son fétiche, le prix de trahison et de l'assassinat de ses frères. *C'était le début du commerce d'exportation et d'importation, sous toutes ses formes, entre les pays et les races différentes* [*sic*].

CHAPITRE II

LA DOMINATION

L'Invasion

L'année suivante et à la même époque, trois grands vaisseaux vinrent au pays.

Beaucoup d'hommes de la couleur de celui qu'ils avaient vu l'année précédente en débarquaient. L'homme pâle les guidait vers le village.

À leur arrivée, tout le monde était sorti pour les regarder et contempler leurs marchandises.

Le chef du village vint souhaiter la bienvenue aux étrangers puis ordonna l'échange.

Pendant que les autres étrangers pâles échangeaient avec des villageois les marchandises qu'ils avaient apportées, trois autres hommes de figure pâle, habillés de longues robes toutes noires avec de longues queues sur le côté, coiffés de chapeaux noirs plats comme des assiettes, rassemblaient les jeunes gens auxquels ils enseignaient l'art de la fratricide. Dégou Diagne déjà imprégné de cet esprit de Satan, servait d'interprète. C'était un homme qui avait fait ses preuves !!!

Les marchands purent finir leurs achats avant la tombée de la nuit, et embarquèrent également les produits échangés.

Ce soir-là, ce ne furent pas les indigènes qui invitèrent les étrangers à venir danser au village, ce fut au contraire les étrangers qui les invitèrent à venir passer une nuit de distraction... avec eux à bord de leurs bateaux.

Dans chaque navire un orchestre avait été organisé. Les indigènes s'embarquèrent dans les canots qui venaient les chercher à la berge pour se rendre aux bateaux.

À bord de chaque bâtiment, les accordéons et les trompettes étourdissaient ceux qui les entendaient. L'alcool était versé dans des tasses à ceux qui en voulaient.

Tous les vices étaient satisfaits. Sur les ponts et dans les cabines. Tandis que des jeunes gens à demi saouls descendaient dans les soutes, où ils vendaient leurs frères ou leurs sœurs, pour un fétiche à cracher du feu et des petits morceaux de fer à foudroyer les hommes et les bêtes sauvages.

Le lendemain, avant le lever du soleil, les bateaux étaient déjà partis emmenant avec eux les produits et leur commerce de la journée et celui de la nuit joyeuse... surtout vicieuse et criminelle !

Le Règne du Roi Colonialisme

Deux ans après, de nombreux navires revinrent au pays, mais les paysans n'ayant rien voulu savoir de ce qu'ils disaient, ni rien voir de ce qu'ils leur montraient, les hommes pâles les attaquèrent. Ils se défendirent vaillamment. Mais ils durent capituler devant la force des armes criminelles que les assaillants dirigeaient contre eux. Étant forcés après une longue résistance, de reconnaître que les armes de leurs adversaires étaient plus « civilisées » que les leurs, ils s'avouèrent vaincus.

C'est alors qu'ils virent « l'homme pâle » : le sieur « Bourgeois » jadis commerçant ambulant, apparaître devant eux en tenue de général, pour se faire proclamer roi de leur pays.

Ils comprirent... Et il prend le nom de roi « Colonialisme ».

Depuis ce jour-là, leurs champs, leurs terres, leurs troupeaux, et leur liberté ne leur appartenaient plus. Jadis libres, désormais ils devenaient un peuple esclave.

Il faut qu'on vous civilise ! leur disait « l'homme pâle », le maître désormais, qui était devenu à la fois et Dieu et Maître.

L'extension de la Conquête

Le domaine du « roi Colonialisme » n'ayant pas été à la mesure de son ambition, il arma ses esclaves et les força d'aller conquérir les pays environnants à son profit.

C'est ainsi que le « roi Colonialisme » réussit à agrandir son royaume, et parvint à posséder un empire plus grand que celui de son pays d'origine.

L'année d'après, des navires sous le commandement d'un ambitieux aussi pâle que le nouveau Maître-Dieu du pays, vinrent attaquer son empire et le lui ravit. Quelque temps après, l'ancien vaincu revint à la charge et reconquit le royaume qu'il avait perdu. Il dut également soutenir plusieurs attaques des hommes de sa couleur et de sa race, qui l'obligèrent, pour conserver les privilèges acquis par le maître, à signer des traités avec eux. Traités attribuant à chaque bandit, le droit de se faire proclamer maître d'une partie des territoires qu'il pourrait conquérir lui-même. Et ce fut l'invasion complète des territoires des innocents, qui, eux, n'avaient pas « d'armes civilisées » !

Ils furent réduits à l'esclavage complet. On en vendait à qui voulait en acheter. On réussit même par le commerce, à repeupler des îles ayant été habitées par des hommes plutôt rouges que roses. Et qui ont été anéantis par les pâles auxquels ils avaient résisté jusqu'au bout, jusqu'à la dernière unité de leur race, à leur invasion. (Quel exemple !)

Les sentiments humanitaires de quelques grands hommes réussirent toutefois, après une longue lutte et de rudes batailles, à abolir cette iniquité de vendre et d'acheter des êtres humains de quelque couleur qu'ils fussent.

On vécut en paix pendant quelque temps, on n'entendait plus parler de guerre que dans les pays des hommes de couleur pâle.

CHAPITRE III

LA REINE PALE

La guerre au Royaume principal

L'empereur du pays d'origine du « roi Colonialisme » ayant été tué par les citoyens de son pays révolté, fut remplacé par la sœur du feu roi et mère du roi « Colonialisme »[1]. Pour être bien plus forts la mère et le fils réunirent en un seul empire, leurs deux royaumes ; malgré la grande distance qui les séparait. « La Reine République » gouvernait ses concitoyens, tandis que le roi « Colonialisme » administrait les sujets de ses domaines à l'étranger.

Un beau jour, une jalousie se réveille dans l'esprit d'un de ses frères nommé « Germain Bourgeois » qui réclame à la reine une partie de ses domaines étrangers voisins des siens.

Quelques officiers de la cour de la « reine pâle » s'y refusèrent, disant que le roi germain avait déjà arraché deux importantes maisons au feu Roi ; il y avait déjà quarante mois de cela[2] !

Le premier ministre de la reine, sachant que l'armée de celle-ci était incapable de soutenir une lutte contre celle du roi Germain son frère, fit comprendre aux généraux et aux officiers, qu'il valait mieux céder aux exigences imposées que d'avoir une guerre avec le roi Germain.

---

[1] [Référence allégorique à la Révolution et à l'exécution de Louis XVI. Ici commence toute une série de références allégoriques à des moments forts de l'histoire de la France et de son empire depuis la Révolution.]

[2] [Référence à la Guerre franco-prussienne de 1870-71 et la perte des régions d'Alsace et de Lorraine.]

Il manœuvra si bien qu'il réussit à faire céder par la reine, quelques domaines de son « royaume de chez les autres » à son frère, dont l'ambition de vouloir toujours s'agrandir, devenait de plus en plus irrésistible pour tous les rois de son voisinage.

Tout le monde croyait alors, que cette concession de la part de la reine, allait ainsi éviter une guerre qui était fatale.

Désillusion ! deux mois après, son frère Germain trouva une raison qui, jusqu'à présent est restée inexplicable, pour attaquer la Reine dans son pays d'origine même (ou plutôt Reine, Roi et Ministres, trouvèrent le moyen de se faire la guerre avec la peau de leurs sujets)[1].

Les autres petits états voisins de la reine et du roi Germain connaissant fort bien l'ambition de ce dernier, accoururent au secours de la reine, de peur qu'après la défaite de celle-ci, ce fut leur tour de lutter contre l'invasion du roi germain.

Pour renforcer son armée, la reine fit appel aux sujets du roi « Colonialisme » en leur promettant la suppression des lois iniques d'esclavagiste-modernisé, qu'elle faisait appliquer dans leur pays.

Qu'ils seraient désormais, considérés comme les vrais citoyens de son propre pays, avec lesquels ils fraterniseraient pour défendre les droits et la liberté des peuples à disposer d'eux-mêmes.

Quelques-uns purent être électrisés par ses belles promesses et s'enrôlèrent aux armes. Mais la majeure partie des sujets du roi « colonialisme » firent répondre à la reine que toutes les promesses par elle-même ou par son fils ne furent jamais tenues et que par conséquent, ils ne pouvaient plus prendre au sérieux les belles paroles qu'elle venait de leur dire ; que d'autre part : la bataille étant une querelle de famille, il n'y avait aucune raison que des esclaves s'en mêlassent, d'un côté ou de l'autre de la barrière.

---

[1] [La première guerre mondiale.]

La reine forcée par ses intérêts à renforcer son armée, employa la manière forte, contre la raison des sujets du « roi Colonialisme ».

On recruta de force.

Mais la rafle ne fut pas aussi fructueuse qu'elle l'aurait désirée. La reine employa une autre manière : la diplomatie soutenue par la force.

Elle envoya le plus dévoué de ses esclaves à couleur d'ébène, aller discourir chez ses frères afin qu'ils s'enrôlent dans l'armée de la défense nationale... (?) (à quelques milliers de kilomètres de leur propre pays)[1].

Le bon bougre, escorté d'une armée de soldats de sa couleur, tous galonnés et médaillés à poitrine débordée... encadré d'officiers, de sous-officiers et caporaux à figure pâle, débarqua un jour à son ex-pays.

Il y employa tout ce qu'il avait d'éloquence dans le ventre. Mais comme il ne parlait pas en langage du pays, on devine l'effet que devait faire un discours prononcé en langage « d'homme pâle » dans l'esprit des hommes à couleur d'ébène ! f[û]t-il même un frère qui l'e[û]t prononcé.

Après les discours dont ses frères ne comprenaient rien, et qui furent traduits, grosso modo, par quelques sous-esclaves qui puaient la poudre de guerre en plein nez, les sujets du « roi Colonialisme » prirent la clef des champs. Et par la chasse à l'homme dans les bois, le bon patriote à couleur d'ébène, recruta pour sa reine aimée, plusieurs dizaines de milliers de ses frères.

Ce système révolta même quelques hommes pâles qui préférèrent aller mourir à la bataille, que de forcer des hommes qui ne le voulaient pas, aller mourir pour une cause qu'ils ignoraient et pour des promesses mensongères[2].

---

[1] [La tournée de recrutement de Blaise Diagne en Afrique Occidentale Française en 1918.]

[2] [Référence à Joost van Vollenhoven, Gouverneur Général de l'Afrique Occidentale qui démissionne pour protester contre la tournée de

Pendant trois mois, on se battit. Plusieurs milliers furent tués ou mutilés. Cependant la victoire fut un jour, déclarée du côté de la reine et de ses alliés.

On remit à la reine, les maisons que le roi Germain avait conquises sur le roi son prédécesseur et les alliés se partagèrent les domaines qu'il avait volés à l'étranger. Puis le roi Germain s'étant enfui avec sa famille très loin, on rétablit une reine à sa place : « La reine Germaine ».

---

recrutement de Diagne ; il part au front et y meurt pendant l'été 1918. Certains, comme Lamine Senghor ici dans le texte, interprète les actes de van Vollenhoven comme signe de son humanisme mais la plupart des historiens s'accordent à dire que son opposition au recrutement était motivée par les intérêts économiques des grands commerçants coloniaux : le recrutement de soldats enlevait de la main-d'œuvre aux colonies.]

CHAPITRE IV

LA RÉVOLUTION

Après la Victoire

Après cette victoire si longtemps attendue par les hommes de toutes les couleurs et de tous les pays, les esclaves rappelèrent en vain à la reine, les promesses de recrutement qu'elle leur avait faites.

La reine leur fit répondre, que non seulement elle ne pouvait pas réaliser ses promesses de guerre, mais qu'il fallait que tous ses sujets bronzés, pâles et jaunes fissent un peu de pénitence : En redoublant les impôts à lui payer, travailler un peu plus et moins payés, d'acheter leur nourriture et payer leur loyer un peu plus cher et de manger moins !!! Car, ces anciens alliés lui réclamaient le prix de leur aide pendant la défense commune. Cependant qu'elle était complètement ruinée de la guerre ; que la reine succédant au roi Germain vaincu, n'était pas encore disposée à lui payer l'indemnité qu'elle lui réclamait.

La Révolte

Chez les bronzés on redoubla le système d'exploitation esclavagiste ; chez les jaunes on fit de même. La production d'alcool et d'opium fut redoublée, en même temps que la consommation forcée et la mortalité sévi[ssen]t partout.

Chez les citoyens pâles, ce fut la ruine complète. La misère, la famine et la mortalité par la tuberculose provenant de la fatigue, par l'excès de travail et le manque de nourriture ; habiter dans des taudis avec des frusques en lambeaux.

Tout le monde était mécontent. La colère monta... monta... et monta telle qu'un jour, les citoyens pâles voulant se révolter contre leur reine, pensèrent que s'ils n'entraînaient pas les autres esclaves, les défenseurs de la « couronne »... les embrigaderaient pour en faire des contre-révolutionnaires.

Ils envoyèrent des émissaires qualifiés dans tous les pays d'esclavage, pour organiser leur révolte, en leur faisant comprendre combien ils ont été trompés et spoliés.

Que la reine faisait une différence entre les hommes suivant leur couleur et non par leur valeur.

Ils leur font également comprendre que les « pâles » malgré leur situation misérable, la reine les avait moins volé[s] qu'eux.

Vous voyez ! disaient-ils, vos mutilés de la guerre pour la Reine sont payés un sixième de ce qu'est payé un mutilé de chez nous, de même mutilation, même blessure ou même maladie ; les veuves de nos camarades tués sur le champ de bataille sont payées ainsi que nos orphelins ; tandis que ceux de vos camarades passent derrière la caisse !... Vous voyez que c'est bien vous qui devriez même vous révolter les premiers au lieu de servir de contre-révolutionnaires pour une reine qui n'a jamais tenu ses promesses. Vos frères de misère vous rendraient la liberté de disposer de vous-mêmes ; tout le monde reconnaissant la véracité de leurs discours comprirent leur devoir.

La colère gronda et regronda dans les cœurs ! monta... et remonta !!!

Elle remonta tellement qu'elle finit par éclater un beau matin... (un vendredi 13...). Le même jour, à la même heure, chez les bronzés, chez les jaunes et chez les « moins pâles », la révolution éclata de concert avec les citoyens pâles, les vrais nationaux de la Reine. Les royaumes renversés ; la reine fut envoyée pêcher des huîtres dans la mer du néant et le roi Colonialisme fut livré à l'ange de la mort. Le soleil venait de se lever et c'était le jour de la libération.

Les esclaves devinrent libres ! les citoyens de chaque pays dirigèrent le Gouvernement de leur état. Ils formèrent *l'alliance fraternelle des pays libres*.

VIVE LA RÉVOLUTION !!!

L. SENGHOR

AUTRES ÉCRITS

UN PROCES NEGRE[1]

Dans les journées du 24 et 25 novembre, M. Diagne, le commis recruteur, l'agent de liaison entre le vendeur d'esclaves (les chefs indigènes de l'A.O.F.) et l'acheteur (la France impérialiste) : marché de chair à canon pour la guerre de la civilisation, M. Diagne, pour mieux établir son patriotisme et, pour plaire à Clemenceau[2], Herriot[3] et Cie, accuse M. René Maran de l'avoir diffamé dans un entrefilet publié par les « Continents ».

Dans notre déposition, nous avons cru de notre devoir de dresser les recrutés de la tuerie (et nous en sommes), en face du recruteur. Nous étions, malheureusement, les seuls à apporter un témoignage écrasant pour M. Diagne. Nous avons assisté à un duel oratoire, où les deux parties ont présenté des témoins de « marques » : avocat fameux, soldatesque supérieure, homme d'état éminent du gouvernement impérialiste.

Au lieu de s'attarder à prouver à combien de centimes près le grand négrier touche par tête de Sénégalais qu'il recruta, il aurait fallu faire passer devant lui toute une procession d'aveugle[s], de mutilés. Ceux dont la face est horriblement défiguré, ceux qui souffrent d'atroces douleurs internes ; et les orphelins, et les veuves, et ceux qu'il fit déporter comme le martyr dahoméen Hunkarin[4].

---

[1] [*Le Paria*, 31 (novembre-décembre 1924), p. 2.]

[2] [Georges Clemenceau, Président du Conseil des Ministres de 1917 à 1920.]

[3] [Édouard Herriot, Président du Conseil des Ministres en 1924.]

[4] [Louis Hunkarin, un des pionniers du mouvement noir en France ; arrêté en 1914 au Dahomey, l'actuel Bénin, pour des activités « anticolonialistes ». Il devient un proche de Blaise Diagne pendant la première guerre mondiale mais casse avec celui-ci après guerre et rejoint une nouvelle génération de militants anticolonialistes.]

Toutes ces victimes lui auraient craché à la face toute l'infamie de la mission qu'il avait accomplie.

Le verdict fut ce qu'il devait être.

Le complice des assassins capitalistes fut absous car à travers l'immonde marchand de chair noire c'est l'impérialisme français qu'il aurait fallu traîner aux assises.

Article non signé

⁂

AU SÉNÉGAL : LA SOLIDARITÉ PROLÉTARIENNE ENTRE EUROPÉENS ET INDIGENES[1]

Le capitalisme colonial a subi un échec qui lui a été infligé par le personnel de la ligne de chemin de fer Dakar-Saint-Louis, sous la forme d'une magnifique grève de quatre jours.

Depuis le mois de décembre 1924, le personnel de cette compagnie demandait une augmentation de salaire en rapport avec le coût de la vie, soit une augmentation de 450 francs par mois pour les Européens et les quelques indigènes privilégiés qui occupent des postes importants. Pour les autres catégories d'ouvriers indigènes, les grévistes demandaient une augmentation de 250 francs par mois.

La compagnie résistait à toutes les démarches que la délégation du personnel faisait auprès d'elle. Le conflit devint aigu et la grève allait éclater quand le gouverneur intervint.

Il proposa une augmentation mensuelle de 250 francs pour les Européens, mais en revanche il proposa un tarif de compensation permettant de récupérer ce qu'elle donnait aux Européens et cela au détriment des indigènes. Par une conscience admirable de classe, les Européens refusèrent et,

[1] [*Le Paria*, 33 (mai 1925), p. 1.]

se solidarisant avec l'élément indigène, ils décidèrent la grève générale sur toute la ligne.

La grève dura quatre jours. La compagnie, soutenue par le gouvernement, fut obligée de donner entière satisfaction aux grévistes, soit 450 francs par mois aux Européens, 250 à 450 francs aux indigènes, suivant l'importance des postes occupés par ceux-ci.

Nous tenons à signaler ce fait particulier, car c'est la première fois que nous voyons les exploités européens des colonies se solidariser d'une façon admirable avec les indigènes de pays opprimés.

Signé : SEINGHOR [*sic*]

⁂

LES RIFFAINS NE SONT PAS SEULS ! ILS ONT AVEC EUX LE MONDE DES OPPRIMÉS[1]

Le mouvement de libération que poursuit le peuple riffain n'est pas un fait local. C'est un phénomène social qui se manifeste en Chine comme au Maroc et se répercute sur tout le monde des opprimés, aussi bien à Shanghaï qu'à Tetouan.

Aussi, de tous les points de la terre, les peuples coloniaux voient dans la victoire d'Abd el Krim l'étoile qui les guidera vers la délivrance.

L'Islam, en particulier, a les yeux tournés vers la lutte qui s'engage entre le vaillant petit peuple riffain et le formidable militarisme français ; l'Islam tout entier, transporté d'enthousiasme, regarde cette marche victorieuse vers l'indépendance.

Alors, le capitalisme français, qui opprime plusieurs dizaines de millions de musulmans, hurle de désespoir et de rage.

---

[1] [*Le Paria*, 34 (juin-juillet 1925), p. 1.]

Avec son hypocrisie habituelle, il présente le succès riffain comme le prélude d'une croisade islamique contre les peuples chrétiens.

L'Islam, représenté par 300 millions d'esclaves, écrasés sous la botte des différents impérialismes européens, reçoit pour la circonstance le qualificatif de « Barbarie », tandis que le capitalisme européen devient la « Civilisation occidentale ».

Eh quoi ! l'impérialisme français ne se souvient donc plus qu'il avait construit lui-même, à Paris, une mosquée réclamée pour essayer de prendre sous sa tutelle la force spirituelle de l'Islam et rallier des « partisans » sous les couleurs de son drapeau[1] ? Et maintenant il bave de fureur contre la « barbarie » musulmane ? Mais voyons, il sait bien que le mouvement qui se dessine parmi ces masses n'est pas précisément une guerre sainte, la guerre du croissant contre la croix. Non ! c'est la guerre de l'opprimé contre l'oppression odieuse ; et, si tous ces millions d'esclaves font preuve entre eux d'une profonde solidarité, ce n'est pas précisément parce qu'ils ont la même religion, mais bien parce qu'ils subissent partout le même joug du conquérant européen.

Abd el Krim peut être traité, par la vile presse capitaliste française, de bandit, de rebelle ou d'aventurier, bien avant lui Abd el Kader, Kemal Pacha, Zaghloul, Sun Yat Sen furent traités de même[2]. De telles injures sont les meilleurs

---

[1] [Pour commémorer les musulmans morts pour la France au cours de la première guerre mondiale, l'État français décide de construire une mosquée à Paris qui sera inaugurée en 1926. Voir à ce sujet le récit drôle de Gabriel Audisio : *Trois hommes et un minaret*, rééd. coll. Autrement Mêmes 48, L'Harmattan, 2009.]

[2] [Abd el Kader : un des chefs de la résistance contre l'armée française en Algérie au 19e siècle ; Kemal Pacha : plus connu sous le nom de Kemal Atatürk père de la nation turque ; Zaghloul : Saad Zaghloul, nationaliste égyptien actif au début du 20e siècle ; Sun Yat Sen : l'un des fondateurs du mouvement nationaliste chinois, le kuomintang, il meurt au début 1925.]

stimulants qui poussent les peuples colonisés à se grouper autour de leurs héros nationaux. Et ces mouvements de solidarité sont des forces avec lesquelles l'impérialisme européen doit compter.

Un mouvement analogue s'est élevé dans les Indes et en Égypte pour soutenir la jeune République turque et a fait fléchir l'insolence du gouvernement britannique.

Spontanément, la sympathie des peuples musulmans soutint l'Égypte et l'Inde, dès que ces deux pays entrèrent en lutte pour leur indépendance ; la même sympathie se manifeste aujourd'hui envers le peuple riffain, qui se bat pour conserver sa liberté.

La diplomatie française peut agiter des mannequins, des traîtres sultans, aghas ou autres, pour leur faire clamer leur loyalisme, aucun indigène n'est dupe de cette propagande aussi grossière.

Le véritable sentiment des musulmans, il faut le lire dans la presse turque, égyptienne, tunisienne ou syrienne ; leur solidarité, il faut la lire dans ces lettres de sympathie envoyées à Abd el Krim par l'Association des Ulémas (savants) d'Égypte, dans ces constitutions de « Comités de secours aux blessés riffains » (puisque la Croix-Rouge française, sollicitée, a refusé l'envoi de médecins et que les militaires français confisquent les médicaments destinés aux malades), dans l'envoi de subsides que des organisations bénévoles expédient des Indes, de Palestine, de Syrie.

En Égypte, le prince Omar Toussoun forma un Comité d'assistance aux Riffains, qui, après un échange de lettres avec Abd el Krim, décida l'envoi d'une délégation dans le Riff, et le journal *El Moktabès*, de Damas, commentant le don de 500 livres égyptiennes d'Omar Toussoun, appelle les musulmans à imiter ce geste.

« L'humanité, dit-il, a des droits qui se placent au-dessus des considérations d'ordre militaire ou des conventions qui existent entre les puissances en état de guerre. »

En Tunisie, en Algérie, l'atmosphère de sympathie émane de la masse entière et se manifeste, malgré tous les moyens de terreur employés par le colonialisme français pour l'étouffer.

Si, en Égypte, l'ambassade française a eu seulement le cynisme de se plaindre au ministère des Affaires étrangères sur le ton de la presse arabe en faveur des Riffains, dans l'Afrique du Nord, son gouvernement a tous les pouvoirs.

À Tunis, la presse indigène est arbitrairement suspendue, tandis que dans toute la Tunisie, l'Algérie et le Maroc conquis, les perquisitions et les arrestations s'opèrent en masse sans qu'on arrive à vaincre l'hostilité grandissante qui se dresse contre la guerre du Maroc.

Lors des débats sur l'aventure du Riff, Painlevé[1] annonça à la Chambre que des soldats indigènes s'étaient mutinés et avaient ligoté leurs officiers, et il s'étonne de ces actes de révolte, même lorsqu'il dit que pour entreprendre cette œuvre de mort contre les Riffains musulmans on emploie plus des trois cinquièmes de soldats musulmans.

Et au moment où la presse française ose raconter que les Marocains « soumis » prient dans les mosquées pour Lyautey[2] (*sic*)[3], des tribus prétendues « fidèles » se soulèvent et rejoignent les réguliers d'Abd el Krim.

Cette guerre du Riff, par l'insatiété [*sic*[4]] du capitalisme français et par la brutalité de son militarisme, a encore unifié les musulmans et, avec eux, tous les opprimés en lutte pour l'indépendance.

Dans ses offres de paix si raisonnables, Abd el Krim, chef provisoire de la République riffaine, demande fermement la reconnaissance de l'indépendance du Riff. Les Riffains donneront la dernière goutte de leur sang pour conserver leur

---

[1] [Paul Painlevé, Président du Conseil des Ministres et Ministre de la Guerre avant Clemenceau.]

[2] [Hubert Lyautey, résident-général au Maroc de 1912 à 1925.]

[3] [*Sic* utilisé par LS.]

[4] [LS cherche peut-être le mot « insatiabilité ».]

indépendance. Tout le monde des opprimés, musulmans ou autres, tous ceux qui luttent pour s'affranchir de la botte des impérialistes européens, sont avec les Riffains pour exiger la reconnaissance de l'indépendance du Riff.

Signé : SEINGHOR [*sic*]

⁂

EN AFRIQUE OCCIDENTALE FRANÇAISE – LE TRAVAIL FORCÉ POUR LES INDIGENES[1]

Dans un article que la *Dépêche Coloniale* publie le 24 octobre dernier, sous le titre : « Le Travail obligatoire pour les indigènes », M. Pierre Mille[2] signale un programme de travail forcé qu'il dit d'invention Angoulvant, ancien lieutenant gouverner de la Côte d'Ivoire, lequel aurait forcé ces administrés à produire du cacao en plus grande quantité qu'il ne l'eût jamais fait en se servant des chefs de village ou des sorciers comme agents intermédiaires de l'oppression contre leurs frères de race.

L'ignoble journaliste poussa son ignorance jusqu'à comparer Angoulvant à Napoléon !

« Chose curieuse ! écrit-il : Napoléon 1er avait la même idée qu'Angoulvant dans les îles des Antilles et des Mascareignes, lorsque la production des denrées coloniales était diminuée dans une forte proportion ; parce que les Anglais arrêtaient les navires qui apportaient les esclaves dans ces îles et en confisquaient la cargaison vivante. »

Aussitôt après la publication de cet article – cuisiné avec la complicité des députés nègres de la Chambre, Diagne en tête – on lit dans le *Journal Officiel* un décret dit « de régle-

---

[1] [*Le Paria*, 36-37 (septembre-octobre 1925), p. 1.]

[2] [Journaliste et auteur, figure de proue de la littérature coloniale, à qui on attribue chez certains le titre de « Kipling français ».]

mentation du travail indigène en A.O.F. » Ce décret n'est, en réalité, qu'une façon de livrer les pauvres indigènes sans défense entre les mains des colons exploiteurs, de les attacher au cou avec la corde d'un contrat. Les malheureux ne pourront comprendre à quoi le contrat les engage, par la simple raison qu'ils ne savent ni lire ni écrire le français parce que ce n'est pas l'intérêt du colonialisme d'instruire des hommes qu'il veut exploiter jusqu'à la dernière goutte de leur sang.

Mais ce qui caractérise le mieux ce décret, c'est qu'il prévoit des pénalités contre les malins qui mettraient leurs frères ou leurs amis en garde contre le système esclavagiste. Les indigènes tant soit peu instruits et les rares Européens encore honnêtes malgré leur séjour aux colonies n'auront pas le droit d'avertir les malheureux qui se seraient avisés de les consulter avant la signature du contrat.

C'est ça la reconnaissance de « la Mère patrie » envers ses enfants « chair à canon » de 1914 à 1918, ça, sous le règne Painlevé, en souvenir des 6.000 nègres sacrifiés en 3 jours ; les 16, 17 et 18 avril 1917 au Chemin des Dames ! C'est ça la réalisation des promesses prodiguées par les recruteurs Diagne et Angoulvant en 1917-18[1] ? C'est cet [*sic*] honteux esclavage que l'on prépare pour récompenser ceux qui échapperont à la mort des boucheries du Riff et de la Syrie[2] où l'armée française est composée de 75 % de nègres ?

Mon Dieu ! serait-ce qu'il n'y eût plus à la Chambre un député nègre dont la conscience ne soit achetée ? La parole est aux parlementaires nègres ! Quant aux nègres tout court, ils sauront ce qu'ils ont à faire.

Signé : Lamine Senghor

---

[1] [Gabriel Angoulvant remplace van Vollenhoven comme Gouverneur Général de l'A.O.F. en janvier 1918, après la démission de celui-ci (voir note 2, p. 23 ci-dessus) : c'est donc lui qui aide Blaise Diagne dans sa tournée de recrutement au début 1918.]

[2] [L'armée française doit aussi faire face à des révoltes en Syrie au milieu des années 1920.]

LE RÉVEIL DES NEGRES[1]

Une des plus grosses questions du jour est celle du réveil des nègres.

Cette race, en effet, est la proie commune de tous les impérialistes internationaux. Elle subit, suivant les régions et les colonisateurs, des systèmes colonialistes les plus ignobles, dans des formes différentes de celles employées ordinairement dans la plupart des pays des autres races colonisées.

Après avoir forcé les nègres à travailler pour la gloire – ou pour la peau – de payer tous les impôts, y compris celui du sang[2], de faire deux et trois ans de service militaire, cependant que les fils des plus grands patriotes de leur patrie ne font que dix-huit mois, les envoyer se faire tuer sur les champs de « manifestation des civilisés », comme celle dont nous rappelons encore (1914-1918) et celles en pleine actualité au Maroc et en Syrie ; pour la défense et la sauvegarde des droits de la liberté universelle, des peuples à disposer d'eux-mêmes ; aujourd'hui on leur refuse (aux nègres), le bénéfice de ces droits et de cette liberté, pour lesquels des centaines de milliers des leurs pourrissent à des milliers de kilomètres en dehors de leurs pays d'origine, sous prétexte que ces droits et cette liberté sont faits pour les civilisés et non les autres…

Les impérialistes dominant des peuples de race nègre, par crainte de l'explosion de la colère de ces derniers, que la spoliation dont ils sont l'objet fait gronder journellement dans leur cœur, ils (les impérialistes) exploitent la division de castes et de tribus existant primitivement dans notre race, en [ballottant ?][3] les nègres en trois espèces différentes : « Hom-

---

[1] [*Le Paria*, 38 (avril 1926), p. 1-2.]

[2] [Après la première guerre mondiale, la « dette du sang » que la France doit à ses soldats colonisés est au cœur de beaucoup de débats sur le colonialisme français.]

[3] [Le seul exemplaire du numéro 38 du *Paria* que nous ayons pu consulter est en très mauvais état et certains mots sont indéchiffrables. Nous

mes de couleur », « Noirs » – tout court – et Nègres[1].

Ainsi, on ferait croire à MM. Candace et Diagne que le premier [est un] « homme de couleur », tandis que le second est un « noir » – tout court … – [tandis que] ceux qui vivent au fin fond des [brousses] sénégalaises, ceux qui font [pousser] les champs de coton de la vallée [du Niger], ainsi que les coupeurs de cannes à sucre dans les champs des domaines de la Martinique, etc… ceux-là sont des « nègres ». Ce qui veut dire : qu'être nègre, c'est n'être bon qu'à être exploité jusqu'à la dernière goutte de son sang [et ? ou ?] être transformé en soldat pour la défense des intérêts du capitalisme envers et contre tous ceux qui oseraient gêner à son extension.

Eh bien, messieurs les colonisateurs, nous le Comité pour la Défense de la Race nègre, nous qui ne renions pas notre descendance directe ou indirecte de la race nègre, nous ramassons ce nom dans la boue où vous la traînez. Nous en ferons notre symbole !

Ce nom est celui de notre race !

Nos terres, nos droits et notre liberté ne nous appartenant plus, nous nous cramponnons à ce nom qui, avec l'éclat de la couleur de notre épiderme, sont les seuls biens qui nous restent de l'héritage de nos aïeux.

Ce nom est à nous ; nous sommes à lui ! Il est nôtre comme nous sommes siens ! En lui, nous mettons tout notre honneur et toute notre foi de défendre notre race. Oui ! messieurs, vous aviez voulu vous servir de ce mot comme mot d'ordre scissionniste. Nous, nous en servons comme mot d'ordre de ralliement : un flambeau !

---

avons pu deviner certains mots, que nous mettons entre crochets, d'après le contexte et aussi en comparant ce texte avec « Le Mot "nègre" », article du premier numéro de *La Voix des Nègres* (voir p. 49 ci-dessous) qui reprend les mêmes thèmes et parfois les mêmes phrases que celui-ci.]

[1] [LS ne met pas de guillemets autour de « Nègres » dans le texte original.]

Que ceux qui le sont et qui ne veulent pas être appelés nègres, forment une cinquième race ou s'arrangent comme ils l'entendront : c'est leur droit, c'est leur affaire ! Mais qu'ils ne salissent pas l'objet de notre vénération en déformant le nom de nos grands, de nos aïeux, de notre race.

Nous, nous nous faisons honneur et gloire de nous appeler Nègres, avec un grand *N* majuscule en tête. C'est notre race nègre que nous voulons guider sur la voie de sa libération totale du joug esclavagiste qu'elle subit. Nous voulons imposer le respect dû à notre race, ainsi que son égalité avec toutes les autres races du monde ; ce qui est son droit et notre devoir.

Nous savons que toutes ces manœuvres de scissionnistes n'ont qu'un seul but : maintenir notre race le plus longtemps possible au régime d'esclavage, sous lequel elle est soumise depuis des siècles.

Mais que les colonisateurs et leurs serviteurs les plus zélés se le tiennent pour dit :

L'heure du réveil des Nègres – trop longtemps endormis – a sonné.

Donnons-nous rendez-vous à l'avenir et sans réserves !

Signé : Lamine YANGHOR [*sic*]

⁂

Texte d'une affiche promouvant les activités du comité de défense de la race nègre (vers le milieu de 1926)[1]

Comité de Défense de la Race Nègre
Journal Officiel du 30 mars 1926 (N° 75)
Souscription Universelle
(décision Assemblée Générale du 4 juillet 1926)

---

[1] [ANOM SLOTFOM 3, carton 37. Pour une reproduction de l'affiche, voir Annexe 2, p. 88.]

> « Cette pauvre Afrique qui forma le premier anneau de la chaîne mystérieuse de la civilisation et du progrès humain au milieu de la nuit des temps ; alors que brillaient à peine les premières lueurs de la pâle aurore des Nations ; mais qui depuis des siècles, enchaînée et saignante est foulée aux pieds... » (H. Becker-Stowe [*sic*])

Aux Nègres du Monde !
Aux Femmes ! Aux Hommes de Pensée, d'Action et de Travail du Monde !

Depuis des siècles, des philanthropes élèvent la voix pour nous défendre. Au-dessus de toutes les questions religieuses et politiques, ils se sont unis pour faire entendre leurs protestations indignées contre l'esclavage. Ils ont placé avant tout la cause suprême de l'Humanité. Mais l'œuvre à laquelle ces Grands Hommes ont consacré toute leur fortune, leur intelligence et leur vie n'est pas terminée. L'esclavage existe encore à nos jours sous des formes plus ou moins barbares. Ce qui est plus grave, personne ne proteste pensant qu'il est aboli.

Les populations africaines sont décimées. Elles sont victimes de mauvais traitements. Elles sont affamées. Dans le monde entier le Nègre souffre. Quelques exemples :

En un quart de siècle, les populations de l'Afrique Équatoriale française, qui, officiellement, s'élevaient à 15.000.000 de nègres sont réduites à 3.000.000... (!!!)

À l'heure actuelle, la Belgique sur un territoire vaste comme toute l'Europe, excepté la Russie, veut revenir à son ancien système de travail forcé ! pour la construction d'un chemin de fer de *Matadi à Léopoldville.*

Dans la libre Amérique les Nègres sont la proie du lynchage odieux.

En Océanie et aux Antilles les préjugés des races sévissent.

La Race Nègre tend à disparaître. Avant que l'irréparable se consomme, nous nous sommes organisés pour renseigner l'opinion, Le Peuple français en particulier, les Peuples de la terre en général doivent connaître la vérité. La Conscience universelle doit savoir ce qui se passe et à quoi nous aspirons :

Nous nous proposons de continuer l'œuvre interrompue des Humanitaires du dix-huitième et du dix-neuvième siècle.

Nous voulons que le Nègre soit traité à travers le monde, avec plus d'humanité ! Nous ne voulons plus que nos frères et sœurs meurent ignorés dans les hôpitaux d'Europe. Nous voulons qu'ils soient solidaires les uns des autres comme les hommes des autres races le sont dans les pays étrangers. **Nous ne voulons plus que le Peuple Nègre soit un objet d'échange ou de trafic.**

Nous voulons :

Offrir à chaque Nègre membre du Comité des avantages intellectuels, moraux et matériels.

Mettre à leur disposition un Bar-Restaurant alimenté de produits coloniaux ; une Salle d'armes, de jeux divers etc…

Fonder un *Foyer* pour recueillir tous les Nègres de passage à Paris d'une part, et offrir un Refuge à nos sœurs et frères nécessiteux d'autre part ;

Avoir un Journal à Paris pour dénoncer devant le monde toute injustice faite au Nègre sur n'importe quel coin de la planète ;

Constituer des sections partout où il y a des Nègres ;

Nous ne ferons pas pour cela la politique comme nous l'a bien fait remarquer à notre Assemblée générale extraordinaire notre ami, Me Henry Torrès : Nous dirons la vérité et dénoncerons l'iniquité.

Nous proclamons solennellement devant le monde que le **Comité de Défense de la Race Nègre** est constitué sans aucune considération particulière, politique ou religieuse. C'est dans l'action que nous saurons distinguer nos amis de nos ennemis, les hommes sincères des démagogues. Nous aimerons tous ceux qui nous aiment du fond du cœur et défendrons tous ceux qui nous défendent.

Nous rendrons les derniers devoirs à nos membres décédés.

Nous voulons surtout pouvoir manifester notre éternelle reconnaissance envers tous les Bienfaiteurs de la Race Nègre.

Nous croyons à l'heureux jour où, des portes de l'Orient aux rives de l'Occident, le Soleil n'éclaire que des hommes fraternellement unis.

Nous aspirons enfin à la réalisation pratique de la **Grande famille humaine** éclairée sur toute la planète par la lumière bienfaisante de la justice !

C'est à cette œuvre que nous convions tous les Nègres du monde.

C'est pour cette œuvre que nous nous adressons aux **Femmes et aux Hommes de toutes les couleurs**.

C'est pour elle que nous ouvrons notre Souscription Universelle.

D'avance, nous disons à toutes à et tous : **Merci !**

Pour le Comité : **LE BUREAU CENTRAL**

⁂

CE QU'EST NOTRE COMITÉ DE DÉFENSE DE LA RACE NEGRE[1]

Certains journaux français et étrangers ont demandé à plusieurs reprises ce qu'était le « Comité de Défense de la Race Nègre ». Pour satisfaire leur curiosité, notre secrétaire général a eu deux fois l'occasion de déposer sur les bureaux de l'agence Havas, à Paris, *une déclaration officielle du Comité* (juillet 1926) et un ordre du jour voté par notre

[1] [*La Voix des Nègres*, 1 (janvier 1927), p. 1.]

assemblée générale du 31 octobre 1926 à Paris, mais nous constatons avec regret que ces quêteurs de nouvelles ont préféré garder le silence plutôt que de publier ces deux notes.

Cependant, quelques journaux français ont voulu, le 1er novembre dernier (le lendemain de notre assemblée générale), à tout prix donner des renseignements (à leur façon) à leurs lecteurs sur ce qu'ils croyaient être notre Comité. *L'Écho de Paris* s'est fait plus particulièrement remarquer ; ce journal nous gratifie d'un esprit de pur nationalisme français en publiant : « Les nègres sont des Français et veulent servir la France… » (?)[1]. Or, rien n'est aussi faux que cette affirmation ! Les nègres ne sont d'aucune nationalité *européenne* et ne veulent servir les intérêts d'aucun impérialisme contre ceux d'un autre impérialisme.

Au sein du Comité de Défense de la Race Nègre, il n'y a pas de distinction entre les nègres soumis au joug de l'impérialisme français et les nègres soumis au joug d'un autre impérialisme européen ou américain. Nous sommes tous des frères de la même race unis ; nous subissons le même sort (sous différentes formes, bien entendu) esclavagiste par l'impérialisme international.

« *L'esclavagisme est aboli* », crie-t-on à travers l'univers.

Voyons cela ! Les colonialistes internationaux se sont emparés de nos territoires et de nous-mêmes ; puis, ils se les ont partagés. Pendant plusieurs siècles, ils se sont livrés à la traite des nègres, en nous vendant ou nous achetant comme de la marchandise. Aujourd'hui, ils prétendent avoir aboli l'esclavage cependant qu'ils s'octroient – démocratiquement – les droits de vendre et d'acheter un peuple tout entier sans demander l'avis de ce dernier… Quelle hypocrisie ! Quel mensonge ! La vérité est *que la vente au détail est interdite, tandis que la vente en gros est permise*.

---

[1] [*L'Écho de Paris* est un journal de la droite nationaliste et conservatrice. Pour lire cet article – d'un racisme narquois – en entier, voir Annexe 2, p. 93-95.]

C'est contre toutes ces iniquités que nous nous sommes groupés, sans distinction de nationalité ethnique ni de nationalité de nos maîtres pour combattre la haine de race, démontrer ce que nous sommes capables de faire et ce que nous sommes dignes d'être, en accélérant nos pas vers notre évolution sociale et toucher du doigt notre droit d'égalité à toutes les races humaines. Pour ne pas salir cette noble œuvre, nous refusons catégoriquement de servir les ambitions d'une nation colonisatrice quelconque, car nous serions toujours les victimes, en fin de compte !

Les *jeunesses nègres*, réunies au sein du Comité de Défense de la Race Nègre ont la ferme volonté de suivre la voie que leur ont tracée les milliers de nègres conscients et de blancs humanitaires qui n'ont pas hésité, devant le sacrifice de leur vie, de leur fortune et, très souvent de leur liberté, pour la libération totale et l'émancipation de la race nègre. Ils sauront donc être solidaires les uns des autres pour mener la lutte contre le régime spécial auquel leur race est soumise, sans toutefois perdre de vue que tous les blancs ne sont pas des impérialistes ni tous des colonisateurs. Ils feront au contraire voir à l'univers qu'ils savent combien leur sort est lié avec celui des milliers de travailleurs manuels et intellectuels des nations européennes.

Les jeunesses patriotes de Nice (Alpes-Maritimes), à leur assemblée générale du 6 novembre dernier ont consacré tout leur temps sur la nécessité d'étendre leur propagande sur les *réservoirs d'hommes*, c'est-à-dire sur les colonies françaises. Ah ! Quel retard ! Ils ne songent pas que les nègres savent maintenant, aussi bien qu'eux, le rôle ignominieux que l'on voudrait leur faire jouer : briseurs de grève, mouchards, agents du colonialisme dans les colonies ou soldats contre-révolutionnaires, en cas de révolution de la part des exploités de leur propre pays, leurs propres nationaux. *Eh bien, non* ! Les nègres ne marcheront pas. Ils feront leur devoir. Faire demi-tour contre l'unique fauteur de la misère universelle : l'Impérialisme international.

En résumé, le Comité s'est assigné :

1° La tâche de combattre avec la dernière énergie *la haine de race* ;

2° Travailler pour l'évolution sociale de la Race Nègre ;

3° Refuser de renforcer l'appareil d'oppression dans les colonies dirigé contre la Race Nègre ou contre toute autre race humaine, et travailler à briser plutôt cet appareil.

4° Collaboration permanente avec les organisations qui luttent véritablement pour la libération des peuples opprimés et pour la révolution mondiale.

Enfin et pour tout : lutte sans merci contre le colonialisme, contre tous les impérialistes du monde de quelque couleur soient-ils.

Signé : L. Senghor, *Président du Comité de Défense de la Race Nègre*

⁂

LE MOT « NEGRE »[1]

C'est le gros mot du jour, c'est le mot que certains de nos frères de race ne veulent plus être appelés ainsi [*sic*].

Les dominateurs des peuples de race nègre, ceux qui se sont partagé l'Afrique sous prétexte de civiliser les nègres, s'emploient à une abominable manœuvre divisionniste pour mieux régner chez eux. En plus de la division primitive de caste, de tribus et de religions, qu'ils exploitent en leur faveur au sein de nous-mêmes, les impérialistes s'emploient à briser l'unité même de la race pour nous maintenir éternellement dans l'état d'esclavage auquel nous sommes contraints par la force de rester depuis plusieurs siècles.

[1] [*La Voix des Nègres*, 1 (janvier 1927), p. 1.]

Pour arriver à cela, ils sortent du mot nègre deux autres mots nouveaux, afin de diviser la race en trois catégories différentes, savoir : « hommes de couleurs », « noirs » – tout court – et nègres. On fait croire aux uns qu'ils sont des « hommes de couleur » et non noirs ni nègres (première catégorie) ; aux autres, qu'ils sont des « noirs » tout court et non des nègres (deuxième catégorie). Quant aux « restes », ce sont des nègres (troisième catégorie).

Que veut dire « hommes de couleur » ? Nous affirmons que ce nom désigne tous les hommes de la terre. La preuve : il n'y a pas un seul homme, dans ce monde, qui ne soit pas d'une couleur ou de l'autre. Donc, nous ne pouvons prendre, pour nous seuls, ce qui appartient à tous. Et « noir » ? Pour le mot noir, nous ne croyons pas qu'il puisse servir pour désigner tous les nègres du monde. Étant donné que tous les nègres d'Afrique reconnaîtront avec nous qu'il existe, dans divers points du continent, des nègres aussi blancs que certains blancs d'Europe, et qui n'ont de nègre que les traits et la chevelure. Nous refusons donc d'admettre que, seuls, ceux qui vivent aux fins fonds des brousses sénégalaises, ceux que l'on exploite dans la culture cotonnière de la vallée du Niger, les coupeurs de cannes à sucre dans les champs des domaines de la Martinique et de la Guadeloupe soient des nègres. Tandis qu'un de nos frères titulaire d'un brevet des écoles de hautes études européennes – l'intellectuel – serait un homme de couleur, et que celui qui n'a pu arriver à ce degré, mais qui exerce le même métier qu'un blanc et qui s'adapte comme les blancs à leur vie et à leurs mœurs et usages – l'ouvrier – serait un « noir » tout court.

Non, messieurs les diviseurs pour régner !

Permettez-nous de vous rappeler que les derniers sont les descendants des premiers.

Les jeunesses du C.D.R.N. se sont fait un devoir de ramasser ce nom dans la boue où vous le traînez, pour en faire un symbole. Ce nom est celui de notre race.

Nos terres, nos droits et notre liberté ne nous appartenant plus, nous nous cramponnons sur ce qui, avec l'éclat de la couleur de notre épiderme sont les seuls biens qui nous restent de l'héritage de nos aïeux. Ce nom est à nous ; nous sommes à lui ! Il est nôtre comme nous sommes siens ! En lui, nous mettons tout notre honneur et toute notre foi de défendre notre race. Oui, messieurs, vous avez voulu vous servir de ce nom comme mot d'ordre scissionniste. Nous, nous en servons comme mot d'ordre de ralliement ! un flambeau ! Nous nous faisons honneur et gloire de nous appeler Nègres, avec un N majuscule en tête. C'est notre race nègre que nous voulons guider sur la voie de sa libération totale du joug esclavagiste qu'elle subit. Nous voulons imposer le respect dû à notre race, ainsi que son égalité avec toutes les autres races du monde, ce qui est son droit et notre devoir, et nous nous appelons Nègre !

Signé : Le Comité

⁂

À TOUS NOS FRERES !
À TOUS LES NEGRES DU MONDE !
À TOUS LES HUMANITAIRES DU MONDE !
À TOUS CEUX QUI S'INTÉRESSENT À LA RACE NEGRE ![1]

Le Comité de Défense de la Race Nègre :

Considérant que parmi les déshérités de la terre d'Afrique :

La Race Nègre qui forme la cinquième partie de la population du Globe, est la plus humiliée de toutes les races humaines ;

[1] [*La Voix des Nègres*, 1 (janvier 1927), p. 1.]

Que les centaines de millions d'hommes qui la composent sont un immense monde opprimé ;

Que toutes les nations africaines, anéanties au cours des siècles, doivent se relever et refleurir afin de réoccuper leur place dans les conseils de tous les peuples ;

Considérant que l'expérience démontre que l'émancipation des nègres sera l'œuvre des nègres eux-mêmes, que la lumière, le progrès et le colonialisme sont incompatibles ;

Que le premier principe de la dignité humaine est qu'elle est faite pour tous les hommes ;

A l'honneur de vous informer qu'il a pris l'initiative de publier à Paris LA VOIX DES NEGRES.

Nous faisons un pressant appel à toutes et à tous. Que personne ne soit retenu par le doute de l'inutilité de ses efforts, car nul ne saurait mesurer l'étendue de son action dans cette œuvre !

Signé : Le Comité

⁂

NEGRES, EN GARDE ![1]

Nos adversaires, nos ennemis nous guettent. Tout sera utilisé pour empêcher votre Comité si bien parti de se développer.

Leurs moyens sont nombreux. Le premier, le principal, faire le silence sur votre organisation, silence presque général de la presse. De bouche à oreille, la calomnie. Infiltration dans nos rangs d'éléments de désagrégation. Voilà pour les principaux et contre lesquels vous tiendrez en garde.

Nègres ! la lutte sourde et méprisable de nos ennemis est pour vous un sûr garant que nous sommes dans la bonne voie.

---

[1] [*La Voix des Nègres*, 1 (janvier 1927), p. 1.]

Groupons-nous plus que jamais autour de notre Comité et à la honte de ceux qui font la conspiration du silence, nous vaincrons toutes les difficultés et le triomphe est certain.

Signé : Le Bureau Exécutif

⁂

POURQUOI SOMMES-NOUS INFÉRIORISÉS ?[1]

Pourquoi un tirailleur Sénégalais, mutilé de la « Grande Guerre », domicilié en France, reçoit-il une pension 6 à 8 fois moins forte que celle payée à un Français de la métropole de la même mutilation et du même pourcentage d'invalidité ?

Pourquoi ne paie-t-on pas de pensions aux femmes, orphelins et parents des tirailleurs Sénégalais qui ont perdu leur soutien pour la défense de la France ?

Serait-ce qu'un nègre n'a pas un estomac aussi grand que celui d'un blanc ?

Le sang d'un nègre ne vaut-il pas celui d'un blanc ?

Pourquoi y avait-il égalité devant le devoir, puis deux poids et deux mesures devant les droits ?

Monsieur le Ministre des Pensions pourrait-il nous donner les raisons de cette injustice ?

---

[1] [*La Voix des Nègres*, 1 (janvier 1927), p. 2.]

Tableau des Pensions d'invalidité des Victimes de la Guerre 1914-1918

TABLEAU DES PENSIONS payées aux soldats blancs de France (2e classe) avec 1 enfant				TABLEAU DES PENSIONS Payées aux tirailleurs nègres de l'A.O.F. (2e classe) avec 1 enfant			
Pourcentages	Pensions majorées de 30 %	Majoration par enfant	Totaux annuels	Pourcentages	Pensions majorées de 30 %	Majoration par enfant	Totaux annuels
10	624	54	678	10	180	Néant	180
15	936	81	1.017	15	270	–	270
20	1.248	108	1.456	20	360	–	360
25	1.560	135	1.695	25	450	–	450
30	1.872	162	2.034	30	540	–	540
35	2.184	189	2.373	35	630	–	630
40	2.496	216	2.712	40	720	–	720
45	2.808	243	3.051	45	810	–	810
50	3.120	270	3.390	50	900	–	900
55	3.432	297	3.729	55	990	–	990
60	3.744	324	4.068	60	1.080	–	1.080
65	4.056	351	4.407	65	1.170	–	1.170
70	4.368	378	4.746	70	1.260	–	1.260
75	4.680	405	5.085	75	1.350	–	1.350
80	4.992	432	5.424	80	1.440	–	1.440
85	5.804	629	6.433	85	1.530	–	1.530
90	6.216	666	6.882	90	1.620	–	1.620
95	6.728	703	7.431	95	1.710	–	1.710
100	7.240	740	7.980	100			1.800
100 art. 12	9.620	740	10.360	100 art. 12			1.800
100 art. 10	12.400	740	13.140	100 art. 10			1.800
100 art. 10 & 12	14.650	740	15.390	100 art. 10 & 12			1.800

Article non signé

LA QUESTION NEGRE DEVANT LE CONGRES DE BRUXELLES. LA LUTTE CONTRE L'OPPRESSION COLONIALE ET L'IMPÉRIALISME[1]

La Ligue contre l'oppression coloniale et l'impérialisme avait invité toutes les organisations anti-impérialistes des pays métropolitains, tous les peuples colonisés et semi-colonisés, à un congrès universel contre l'impérialisme.

À cet appel, comme il fallait s'y attendre, toutes les organisations politiques luttant vraiment contre l'impérialisme et tous les pays souffrant des exactions de la colonisation ou semi-colonisation avaient répondu : « Présent ! »

Le Comité de défense de la race nègre y a été représenté par nos camarades Senghor et Danaë.

* * *

CE QUE FUT LE CONGRES

Ont été représentés au Congrès : les peuples colonisés ou semi-colonisés africains, asiatiques, et les organisations anti-impérialistes d'Europe et d'Amérique au nombre de 39 délégations, comptant 18 à 27 délégués chaque [*sic*].

La première séance du Congrès s'est ouverte le 10 février à 20 heures, sous la présidence de Fimmen, secrétaire général de l'Internationale des Travailleurs des Transports, par un admirable discours d'Henri Barbusse appelant les peuples opprimés à s'unir dans l'action pour abattre l'impérialisme.

Après lui, la parole fut donnée à Hans Liau, délégué du Comité exécutif du Kuomintang, et ensuite à M. Vasconcelos, ancien ministre de l'industrie publique du Mexique, qui dénonça les visées impérialistes des États-Unis dans l'Amérique centrale et proclama l'union de tous les anti-impérialistes. Enfin, le Congrès entendit une intervention de Ledebour, membre du Reichstag allemand.

---

[1] [*La Voix des Nègres*, 1 [*sic*, pour 2] (mars 1927).]

La deuxième séance s'ouvrit le vendredi 11 février à 10 heures du matin.

Fenner Brockway, secrétaire de l'Independent Labour Party, déclara aux Hindous que tout le mouvement minoritaire anglais est derrière eux, et, s'adressant aux Chinois, Brockway leur dit : « Je vous apporte l'assurance de la solidarité des travailleurs anglais. » Liau, délégué du Kuomintang, traversa la salle du Congrès et alla lui donner l'accolade au milieu des applaudissements et d'une formidable ovation de tout le Congrès debout.

Ledebour, membre du Reichstag, rapporte sur le premier article de l'ordre du jour, ainsi conçu : « La politique impérialiste et ses dangers de guerre ».

Il brossa le tableau des menées coloniales des impérialismes et démontra les dangers de guerre que couvent les conséquences de la colonisation. (*Fin de la séance du matin.*)

La séance du soir est ouverte à 20 heures sous la présidence de Fimmen, assisté de Chon Chuen et Senghor.

Hafiz Ramadan Bey, représentant le parti national égyptien, déclare que l'Égypte est libre et indépendante. Puis, il fait l'historique de la pénétration de l'Angleterre en Égypte. Il proteste énergiquement contre la mainmise de l'Angleterre sur l'Égypte et sur le canal de Suez, qui appartient aux Égyptiens – et dont l'Angleterre s'est emparée pour fermer la route aux autres nations du monde suivant son bon plaisir. Il fait appel à l'union de tous les peuples colonisés avec les peuples métropolitains contre l'impérialisme.

M. Hatta, délégué indonésien, fait le tableau de la colonisation hollandaise en Indonésie, démontre les causes de l'insurrection de Java et de Sumatra. « Si rien ne transpire des souffrances de 50 millions d'Indonésiens, c'est que le gouvernement hollandais bâillonne l'Indonésie. »

Senghor, représentant des opprimés de l'Afrique occidentale et équatoriale française et délégué du Comité de défense de la race nègre, prononça un discours magistral.

Ensuite, le délégué de l'Étoile nord-africaine condamna la colonisation de l'impérialisme français dans l'Afrique du Nord.

Le représentant de la section tunisienne de l'Étoile nord-africaine vint nous apporter au Congrès le salut du peuple tunisien et dresser un exposé cinglant contre l'impérialisme français en Tunisie ; il réclama l'indépendance de la Tunisie.

Dans un compte rendu destiné à éclairer tout entier nos camarades nous ne pouvons passer sous silence les interventions touchant les questions nègres. À ce titre, nous devons signaler le discours prononcé par notre camarade J. T. Gumede, délégué du Congrès national de l'Afrique du Sud. Dans son intervention qui s'est produite le samedi 12 février à la séance du soir, notre camarade Bloncourt exposa d'une façon saisissante la situation de nos frères antillais.

Enfin, pendant cinq jours et cinq nuits les délégués de tous les peuples, nations et pays, de toutes les races et toutes les classes réunies en une véritable Tour de Babel, sont venus tour à tour dénoncer les méfaits et les exactions de l'impérialisme dans leurs pays respectifs et réclamer sa condamnation à mort ; ils ont fait appel à l'union des esclaves coloniaux, des semi-coloniaux et travailleurs des métropoles pour l'exécuter.

DISCOURS DE SENGHOR [au Congrès de Bruxelles]

Mesdames, Messieurs et chers Camarades,

Je vous apporte ici le salut fraternel, les sentiments et le désir de libération du Comité de Défense de la race nègre.

Qu'est-ce que le Comité de Défense de la race nègre ? C'est une organisation universelle de toute la jeunesse nègre qui aspire à se sacrifier pour la libération de la race tout entière. Vous savez que la race nègre a été la plus humiliée de la terre, sur cette race, tous les impérialistes du monde ont droit de vie et de mort. Cependant, nous affrontons la lutte pour arracher notre égalité avec ces races qui prétendent être supérieures à nous. Nous voulons leur demander s'ils sont supérieurs à nous parce qu'ils ont la peau blanche ou le cerveau meilleur.

Ils sont venus chez nous, camarades, sous prétexte d'apporter la civilisation. Mais nous verrons cela tout à l'heure.

Colonisation. – Sur ce mot « colonisation » vous me permettrez d'ouvrir une parenthèse pour répondre au discours de notre président de séance M. Hafiz Ramadan Bey, qui prétend que l'Égypte n'est pas colonisée, qu'elle est libre et indépendante.

Représentant du Comité de Défense de la race nègre au Congrès, je suis obligé de lui déclarer avec regret que les travailleurs égyptiens adhérant au Comité de Défense de la race nègre ne sont pas du tout du même avis que lui[1].

Vous venez de protester contre la mainmise de l'Angleterre sur l'Égypte, contre la mainmise de l'Angleterre sur le canal de Suez appartenant aux Égyptiens ; vous venez encore de protester contre l'occupation de l'Égypte par l'Angleterre, et vous réclamez l'indépendance de l'Égypte. Il vous est donc impossible de déclarer que l'Égypte est libre.

Qu'est-ce que c'est que la colonisation ? C'est la violation du droit d'un peuple à disposer de lui-même comme il l'entend. Et ces droits ont été violés en Égypte par l'Angleterre. Tous les Égyptiens protestent contre cette violation. Vous ne pouvez donc pas nous faire croire que l'Égypte n'est pas colonisée par l'Angleterre ; elle est colonisée comme toutes les autres colonies soumises au joug de l'impérialisme international.

* * *

[1] [Ceci semble être une pure invention de Senghor. D'après les archives, il n'y avait pas d'Égyptiens membres du CDRN.]

Civilisation. – Tout à l'heure, je vous disais que lorsque les Français sont venus chez nous ils nous disaient qu'ils nous apportaient la civilisation ; mais au lieu de nous enseigner la langue française et de nous donner l'instruction qu'ils appellent la lumière universelle, ils la restreignirent et nous dirent : « Ah ! non, il ne faut pas instruire les nègres », parce que, instruits, ils seront civilisés et nous ne pourrons plus nous servir d'eux comme nous nous le voudrons.

Voilà comment l'impérialisme français comprend la civilisation des nègres. Je vous cite cet exemple, tiré d'un rapport d'un ancien administrateur des colonies. Ce rapport a été publié par M. J. Renaitour dans plusieurs journaux de France. Voici textuellement ce que cet administrateur avait écrit :

« J'accuse M. Hutin, jadis colonel, aujourd'hui général, commandeur de la Légion d'honneur, d'avoir ordonné le pillage de la factorerie de Molanda et d'avoir participé à ce pillage. [»] (Et les objets volés sont énumérés : boîtes de fruits au jus conservés pour son usage personnel, tableaux, cartouches de chasse, carabine de tir, browning, étoffes précieuses, etc. Il paraît qu'on s'enrichit facilement là-bas.)

Le rapporteur ajoutait :

« J'accuse l'officier gestionnaire du magasin de Ouesse d'avoir, en février 1915, commis un crime pour faire avouer un vol de cinq cents francs. Il accusait un planton d'avoir dérobé cette somme. Pour savoir où l'argent était caché, il le fait déculotter et lui fait poser les testicules sur une table et, avec un marteau, il lui écrase un testicule. Le tirailleur s'évanouit ; on le fit revenir à lui et on le menaça de lui écraser le deuxième testicule s'il ne révélait pas où se trouvait la somme. »

« J'accuse l'adjudant-chef du poste de Bania d'avoir fait amener à lui le chef de tribu Gana, qui refusait d'indiquer où se trouvait les fusils Mauser enlevés par ses hommes à des déserteurs allemands. Et j'accuse cet adjudant d'avoir écrasé entre les plateaux d'une presse à copier une main du chef Gana, de l'avoir fait « chicoter » (flageller) avec des lanières à couteau, d'avoir enduit ses blessures de miel et de l'avoir exposé au soleil à la piqûre des abeilles. »

Qui ne frémit à la pensée que des Français, au vingtième siècle, commettent encore de telles horreurs, dignes du plus féroce moyen âge ?

* * *

Travaux forcés. – Un récent décret du gouverneur général de l'Afrique Occidentale française met à la disposition du gouvernement la population pour de soi-disant travaux d'intérêt général. Pour appliquer cela, le lieutenant gouverneur de la Mauritanie arrête des conditions d'application du travail ; dans l'article 3 de son arrêté, il dit : « La durée de la journée de travail est fixée à dix heures et deux heures de repos dans la journée. » À l'article 9, il arrête : « Le taux maximum de salaire journalier de chaque travailleur est ainsi fixé : femmes et enfant, 1 fr. 50 ; adultes, 2 fr. par jour. » Et avec cela, on ne peut pas refuser de travailler. Il faut travailler par force dix heures par jour sous le soleil brûlant de l'Afrique et ne gagner que deux francs ! Les femmes et les enfants travaillent la même durée que les hommes et, avec cela, on vient nous dire que l'esclavage est aboli, que les nègres sont libres, qu'il y a l'égalité de tous les hommes, etc. Je considère ceux qui nous disent cela non comme des imbéciles, mais comme des hommes qui se fichent un peu de notre tête.

* * *

L'esclavage. – On nous dit qu'il est aboli. Nous pouvons encore accepter que la vente de l'unité est interdite, que l'on ne peut pas vendre un nègre à un blanc, à un Chinois, ou même à un autre nègre. Mais nous voyons que les impérialistes se réservent, très démocratiquement, le droit de vendre un peuple nègre à un autre impérialisme.

Qu'est-ce que la France a fait du Congo en 1912 ? Elle l'a simplement remis à l'Allemagne. Avait-elle demandé aux Congolais s'ils voulaient être commandés par les Allemands ?

Certains politiciens français sont allés même jusqu'à écrire sur les « feuilles de choux » françaises que les nègres des Antilles commencent à trop demander de droits, qu'on ferait mieux de les vendre aux Américains et on en tirerait du bénéfice.

Ce n'est pas vrai, l'esclavage n'est pas aboli. Au contraire, on l'a modernisé.

* * *

L'injustice est encore plus flagrante en France. – Vous avez vu que, pendant la guerre, on a recruté autant que possible des nègres, pour les emmener se faire tuer. On en a tant recruté que les gouverneurs français avaient refusé de continuer le recrutement parce qu'ils avaient peur que le peuple ne se révolte. Mais comme il fallait recruter à tout prix, on est allé chercher un nègre spécial et on l'a couvert d'honneurs, en l'appelant Commissaire général représentant la République française en Afrique. On l'a fait escorter par des officiers français, des nègres décorés, galonnés partout ; il a débarqué dans son ex-pays et là, il fut reçu par des représentants de la France là-bas : des administrateurs, des gouverneurs des colonies, musique en tête et les soldats présentaient les armes. Le nègre ainsi honoré recrute 80.000 hommes, en plus, sur les 500.000 hommes qui se battaient déjà en France.

On a fait tuer nos camarades pour la première guerre du Maroc, avant la grande guerre, pendant la guerre 14-18 ; après celle-ci et encore aujourd'hui, on tue au Maroc, on a tué et on retue encore dans le Riff et en Syrie ; on envoie des nègres à Madagascar ; on envoie des nègres en Indochine parce que c'est très près de la Chine qui lui donne un excellent exemple révolutionnaire.

S'adressant aux Chinois, Senghor leur dit :

J'aurais voulu vous embrasser, camarades, car vous donnez un bon exemple révolutionnaire à tous les peuples soumis au joug des colonisateurs ; je voudrais qu'ils s'inspirent tous de votre esprit révolutionnaire.

Les impérialistes français ont envoyé des nègres en Indochine en leur commandant de tirer sur des Indochinois au cas où ils se révolteraient contre la colonisation française.

Ils leur disent qu'ils ne sont pas de leur race et qu'ils doivent les tuer s'ils se révoltent contre la prétendue Mère Patrie.

Camarades, les nègres se sont trop longtemps endormis, mais méfiez-vous ! Celui qui a bien dormi et qui s'est réveillé ne se rendormira plus.

Voilà comment la Mère Patrie reconnaît les services de ceux qui ont été blessés pour la sauver. Ceux qui ont reçu les balles des prétendus ennemis et qui aujourd'hui ne peuvent plus travailler, on fait une différence entre eux et les mutilés français qui ont combattu avec eux sur le même champ de bataille, qui défendaient, paraît-il, une même Mère Patrie. Je vais vous en donner deux exemples seulement. Je ne vais pas commencer de 10 jusqu'à 100 %. Seulement deux exemples : Voici un mutilé de guerre français, réformé à 90 %, 2e classe, père d'un enfant : le gouvernement français lui accordera une pension de 6.882 fr. par an ; tandis que le soldat nègre 2e classe, marié, père d'un enfant, ayant la même blessure, blessé dans la même armée française, réformé à 90 % également, recevra 1.620 fr.

Un blessé de guerre 100 %, art. 10 et 12 (c'est-à-dire qu'il ne peut pas bouger et qu'on doit le porter partout où il va), si c'est un Français blanc, on lui donne 15.390 francs ; si c'est un nègre, on ne lui donnera que 1.800 fr.

Camarades, c'est contre toutes ces iniquités, contre ces atrocités que je viens de vous énumérer, que nous nous sommes groupés pour nous défendre. La jeunesse nègre commence maintenant à voir clair. Nous savons et nous constatons que, lorsqu'on a besoin de nous, pour nous faire tuer ou pour nous faire travailler, nous sommes des Français ; mais quand il s'agit de nous donner les droits, nous ne sommes plus des Français, nous sommes des nègres.

Le Congrès réuni ici a, je crois, réalisé le vœu de beaucoup qui, comme moi, désireraient se donner tout entiers au travail de libération universelle. Parce que justement ce sont ceux qui suivent l'idéal révolutionnaire et ceux qui suivent un idéal humanitaire qui se sont réunis ici, se sacrifiant de toutes leurs forces pour supprimer cette intense oppression impérialiste sur le monde entier. L'oppression impérialiste que nous appelons colonisation chez nous, et que vous appelez impérialisme ici, c'est la même chose, camarades : tout cela n'est que du capitalisme ; c'est lui qui enfante l'impérialisme chez les peuples métropolitains. Par conséquent, ceux qui souffrent de l'oppression coloniale là-bas doivent se donner la main, se serrer les coudes avec ceux qui souffrent des méfaits de l'impérialisme métropolitain, porter les mêmes armes et détruire le mal universel qui n'est que l'impérialisme mondial.

Camarades, il faut le détruire et le remplacer par l'union des peuples libres. Plus d'esclaves !

⁂

LA QUESTION NEGRE DEVANT LE CONGRES DE BRUXELLES. RÉSOLUTION COMMUNE SUR LA QUESTION NEGRE : LES DÉCISIONS DU CONGRES[1]

Pendant près de cinq siècles, les peuples nègres du monde ont été des victimes et cruellement opprimés. L'institution de la

[1] [*La Voix des Nègres*, 1 [*sic*] (mars 1927).]

vente d'esclaves, comme conséquence de la révolution commerciale et de l'expansion de l'Europe, fut le commencement d'un régime de terreur et de vols qui est l'un des plus horribles dans l'histoire de l'humanité. Comme résultat de ce commerce, l'Afrique perdit plus d'un billion[1] de son peuple. Quatre sur cinq hommes étaient tués dans la sanglante affaire de la capture et du transport, les survivants étant soumis au plus odieux esclavage dans le nouveau monde.

L'immense richesse venant de ce commerce indigne a été le fondement de la prospérité et du développement des marchands et États européens. Mais le développement des peuples africains fut alors brusquement arrêté et leur civilisation, qui en plusieurs endroits avait atteint un haut degré d'avancement, fut presque complètement détruite. Ces peuples, par la suite, furent déclarés païens et sauvage, une race inférieure destinée par le Dieu chrétien à être esclave des supérieurs Européens, sans aucun droit susceptible d'être respecté par l'homme blanc. Un préjugé hostile et dur s'éleva contre la race nègre. Préjugé qui a dominé les sentiments de la plupart des Européens envers elle, lui valant des proscriptions nombreuses, dégradantes et pernicieuses.

L'abolition de la forme d'esclavage la plus primitive ne libéra les peuples nègres que de cette infortune d'être considérés légalement comme une propriété personnelle. L'asservissement, l'exploitation et l'extermination de ces peuples durent encore. La marche de l'asservissement a été grandement accélérée par le fol acharnement des puissances européennes à la recherche de territoires africains entre 1880 et 1900. Ceci était dû au besoin qu'éprouvait le capital financier de placer ses réserves dans des industries de matières premières exemptes des aléas que présentait l'industrie de transformation qui ne faisait alors que commencer à se

---

1 [Vieux terme pour « un milliard » : Lamine Senghor et son comité proposent ici un chiffre qui surestime de loin le nombre d'esclaves volés à l'Afrique par la traite négrière.]

développer en Europe. Ensuite, pour son propre développement, le capitalisme industriel est lié au capitalisme financier dans le brigandage colonial. Les États africains furent soumis par la fraude et la force ; les États africains indépendants furent soumis, leurs terres et possessions presque toutes expropriées par force et distribuées à des personnes et groupements européens et leurs peuples forcés, par le plus brutal et inhumain des systèmes, à produire d'immenses richesses pour leurs oppresseurs. Des maladies les plus graves tombèrent sur le peuple et son bétail. L'effroyable tocsin de mort et de dévastation peut être réalisé par le fait qu'en dépit de la grande virilité et fécondité des peuples africains, l'Afrique est maintenant le moins peuplé des continents du monde.

Telles furent les bénédictions du Christianisme et de la civilisation portées aux Africains. Ainsi, aujourd'hui, dans ce vaste continent de 11.500.000 milles carrés (environ 14 millions de kilomètres), il n'y a plus que deux États très petits : l'Abyssinie et le Libéria, qui puissent être considérés indépendants. Le premier est maintenant menacé par le pacte anglo-italien[1], et le second, par les douanes et polices se trouvant entre les mains des officiels américains, est une grande concession accordée à une grande corporation de Wall Street et ne peut plus longtemps être considéré libre. L'expropriation des terres et l'extermination du peuple eurent férocement lieu au Kenya et au Soudan. Ceci fut une récompense digne des impérialistes aux Africains qu'ils avaient sacrifiés dans la grande guerre mondiale qui avait été auréolée comme une guerre destinée à donner la démocratie au monde et à restaurer leurs droits aux nations faibles. Il en est de même pour l'Union de l'Afrique du Sud qui a récemment passé le « Color Bar Bill » défendant aux

[1] [Un accord de 1925 conclu entre la Grande Bretagne et l'Italie de Mussolini qui protégeait les « intérêts » des Italiens en Afrique orientale.]

indigènes de travailler dans les usines et d'être employés dans les services civils, et augmentant les misères de ces peuples déjà opprimés par des lois de passe, des impôts de hutte, etc. Partout, en Afrique, les peuples sont rigoureusement soumis au joug de l'impérialisme étranger.

Et partout nous demandons pour tous les peuples nègres d'Afrique la complète indépendance politique et économique.

Aux États-Unis, les douze millions de nègres auxquels des droits d'égalité sont pourtant garantis par la Constitution se voient refuser toute participation à la vie politique et sociale de la nation. Cette oppression est particulièrement forte dans les États du Sud ou l'esprit de tyrannie existe encore. Bannissement, asservissement, injustices légales, dettes et esclavage avérés, lynchage, dégradent et anéantissent ces peuples. Ce système d'oppression veut faire de cette race une caste inférieure et servile, exploitée par toutes les autres classes de la société. Haïti, érigé en république par l'héroïsme de Toussaint Louverture[1] et de ses camarades, est maintenant anéanti et asservi par cette même puissance qui avait proclamé « la guerre pour la démocratie ». Plus de 3.000 Haïtiens ont été tués par les marins des États-Unis, un grand nombre ont été mobilisés à la construction de routes militaires sous le système de la corvée[2] ; on les a dépouillés de leurs terres et de leurs libertés ; ils furent emprisonnés et torturés, comme tous ceux qui osèrent parler ou écrire pour réclamer la liberté nationale. Dans les colonies caribéennes, les peuples nègres ont été soumis à des formes variées de l'impérialisme ; ils sont réduits d'une manière permanente à la servitude et à la misère. En Amérique latine, les nègres n'ont à subir le joug d'aucune oppression. L'égalité sociale et politique ainsi que les relations cordiales entre les différentes races qui vivent dans ces pays prouvent qu'il n'existe aucun antagonisme naturel entre elles.

---

[1] [Héros de la lutte pour l'indépendance d'Haïti.]

[2] [L'armée américaine envahit Haïti en 1915 et occupe le pays jusqu'en 1934.]

Nous demandons la pleine et entière indépendance politique et économique pour les républiques de Haïti, Cuba, Saint-Domingue et les peuples de Porto-Rico et des îles de la Vierge. Nous demandons le retrait immédiat des troupes impérialistes envoyées dans ces pays. Nous désirons également obtenir pour les colonies caribéennes l'indépendance. La Confédération des Indes occidentales doit se réaliser et l'union de tous ces peuples doit s'accomplir.

Pour obtenir l'émancipation des peuples nègres du monde, une lutte énergique et soutenue est nécessaire.

Revendications : 1. Liberté complète des peuples africains et d'origine africaine ; 2. Égalité de la race nègre et des autres races ; 3. Contrôle de la terre africaine et des administrations africaines par les Africains ; 4. Abolition immédiate du travail forcé et des impôts injustes ; 5. Abolition de toutes restrictions de races, sociales, économiques et politiques ; 6. Abolition du recrutement militaire ; 7. Liberté de circulation à l'intérieur et à l'extérieur de l'Afrique ; 8. Liberté de parole, de presse et droit de réunion ; 9. Droit d'enseignement à tous les degrés ; 10. Droit d'organiser les syndicats.

Mesures à prendre : 1. Organisation de la puissance économique et politique des peuples : a) organisation des travailleurs nègres ; b) organisation des coopératives ; 2. Lutte contre l'idéologie impérialiste : a) chauvinisme, fascisme, kukluxisme et préjugé de race ; b) admissions de tous les travailleurs de couleur aux syndicats ou associations ouvrières sur un pied d'égalité ; 3. Organisation des mouvements pour la libération nègre ; 4. Etablissement de l'unité d'action avec les autres peuples et classes opprimés pour la lutte contre l'impérialisme, la colonisation et pour l'indépendance nationale.

La résolution sur les Antilles

Le Congrès contre l'oppression coloniale et l'impérialisme, tenant ses assises à Bruxelles, justement ému par les déclarations du député américain Fisch et profondément indigné des prétentions des États-Unis d'accaparer coûte que coûte les îles antillaises de la Guadeloupe et de la Martinique, élève une énergique protestation contre tout acte de cette nature et déclare ne pas tolérer que les impérialismes français et américain fassent de ces îles une monnaie d'échange.

Le Congrès assure le peuple antillais de sa vive sympathie et prend l'engagement de l'aider par tous les moyens en son pouvoir à obtenir l'indépendance de ces îles et maintenir la souveraineté de ce peuple.

⁂

DIAGNE AU SÉNÉGAL[1]

Le député du Sénégal est parti pour Dakar depuis trois semaines. On nous assure que c'est pour préparer le terrain de la campagne électorale de l'année 1928.

À remarquer que c'est la première fois que Blaise Diagne s'y est pris si tôt. Ce qui prouve son incertitude sur sa réélection aux prochaines élections législatives.

La *Voix des Nègres* a pleine confiance en nos camarades conscients déjà nombreux dans les diverses communes de la colonie, et nous ne doutons pas de l'accueil qu'ils lui avaient réservé.

La *Voix des Nègres* saura dénoncer à son heure les abominables manœuvres des « ennemis noirs » de la race nègre, comme elle dénoncera tous ses autres ennemis.

Nous prions nos amis de recevoir comme il convient l'ancien ennemi et le nouvel allié de la Chambre de commerce de Bordeaux.

Article non signé

[1] [*La Voix des Nègres*, 1 [*sic*] (mars 1927).]

DEBOUT LES NEGRES[1]

La Ligue, votre organisation de défense, est maintenant officiellement et solidement constituée.

Lorsque, en mars 1926, le tout petit groupe de camarades que nous étions se réunit et fonde le Comité, il faut l'avouer, nous étions encore jeunes en matière politique et d'organisation. Cependant, notre inexpérience d'alors, sur l'art d'organiser une association d'une telle envergure et d'élaborer les statuts réglementant les conditions de son activité, n'était qu'une preuve que nous étions des jeunes pleins de courage et de volonté pour la défense des intérêts et l'honneur de notre pauvre race martyre. Cela nous donnait une force. Une force irrésistible et invisible nous poussait à travailler inlassablement pour cette noble et juste cause

Certes, au début, un grand nombre de nos frères résidant en France nous tournaient le dos. Mais la légitimité des revendications que nous formulons en faveur de nos frères de race, le courage et la persévérance de nos militants ainsi que la véracité de leurs paroles les obligèrent à reconnaître la vérité et à venir à nous.

L'organisation qui, en mars 1926, ne comptait que quelques dizaines de membres actifs, en enregistrait plusieurs centaines en novembre de la même année.

Le nouveau-né venait de faire un pas de géant. Il fallait, à tout prix, étouffer l'enfant qui venait de naître. C'est alors que le cri d'alarme partit des divers ministères et préfectures, avec la complicité de parlementaires nègres qui ne voient en notre mouvement que la fin de leur règne.

Nous fûmes taxés de meneurs et de fomenteurs de troubles, et notre mouvement de communisme et d'anarchie. Mais hélas ! ces euphémismes ne sont plus mots à effrayer les nègres d'aujourd'hui. Au contraire, ils trouvent en les gens que désignent ces noms l'objet de leur alliance naturelle, étant tous victimes d'un même régime.

[1] [*La Race Nègre* (juin 1927).]

Battus sur ce point, nos ennemis changèrent de tactique. Ils introduisirent des éléments de désagrégation parmi nous – comme on fourre des pommes de terre pourries dans le sac de son voisin afin de lui pourrir ses pommes nouvelles.

Ces tristes individus, nègres de toutes les nuances et de tous les tons, acceptèrent de jouer cet ignoble rôle contre les défenseurs de leur propre race, mais ne purent, heureusement, accomplir leur mission criminelle qu'à moitié. La trahison n'avait servi que de bonnes leçons politiques pour nous, leçons salutaires, pleines d'expérience de lutte et d'organisation et dont nous avons beaucoup profité afin d'enrichir notre éducation politique.

En effet, contre ces traîtres de tous les tons de la race nègre – jusqu'au nègre à peau blanche – nous avons soutenu une lutte dure et acharnée pendant quatre mois (décembre 1926 à mars). Il convient de reconnaître que pour se débarrasser de cette vermine, l'enfant prodige a failli en mourir. Pourtant, il est sorti guéri de toutes ces maladies infantiles et comblé d'expérience.

À ceux qui ne voulaient pas que notre mouvement de défense de la race nègre fût universel ; à ceux qui voudraient faire de nous un groupe de danseurs de « charleston » et d'autres danses exotiques, sous la présidence et l'œil bienveillant d'un politicien blanc quelconque, à tous ceux-là : Les fils d'Afrique, vraiment dignes de la race nègre, leur ont flanqué une gifle magistrale par la fondation officielle de la *Ligue universelle de Défense de la Race Nègre*, avec un programme net et précis.

Debout, le front haut, la Ligue a décidé de marcher côte à côte avec ses amis, face à tous les ennemis du progrès et de l'humanité et de mener la lutte jusqu'au bout.

Frères nègres du monde entier (et principalement vous, nègres africains, qui avez beaucoup à vous plaindre) ! Rappelez-vous que le devoir suprême d'un nègre est d'aider et soutenir matériellement et moralement la *Ligue de Défense de la Race Nègre*. Aider et soutenir cette organisation, c'est contribuer à la défense des droits, des intérêts et du prestige même de la race. Donc, c'est faire son devoir de bon nègre.

Debout, les nègres !

Signé : L. Senghor
Président de la Ligue de Défense de la Race Nègre

⁂

CAMARADES SÉNÉGALAIS, EN GARDE ![1]

Il est du devoir de « L.R.N. » de vous mettre en garde contre celui qui ne manquera pas de revenir en 1928 resolliciter vos suffrages pour aller représenter à la Chambre des députés des intérêts contraires aux vôtres et à ceux du Sénégal.

Celui qui se dit votre député s'exprime ainsi :

« Les possessions distinctes qui, des rives de la Méditerranée à celles du Congo, sur près de 5.000 kilomètres, du nord au sud, arborent *notre pavillon* (c'est-à-dire le pavillon français).

2° En poursuivant *notre politique sociale* (celle de la France), en nous appliquant à multiplier la population de l'A.O.F. (voyez dans quel but), nous renforçons en même temps la *métropole* au point de vue politique, économique et militaire (surtout militaire).

3° *À ce triple point de vue*, nous devons (nous français colonisateurs) tout faire pour que *notre grande colonie* (c'est son propre pays qu'il appelle ainsi) de l'Ouest Africain prenne un essor et exerce une action d'avant-garde (tenez vous bien) dans l'avenir de la plus grande France (les colonies) ensuite. »

Ces trois passages d'un article signé de M. Blaise Diagne, député du Sénégal, dans le numéro exceptionnel de la

[1] [*La Race Nègre* (juin 1927).]

revue *Les Annales* du mois de mars 1927, suffisent pour démontrer à ceux qui peuvent et veulent comprendre que cet homme se considère comme un français blanc et non comme un colonisé.

Il est donc bien vrai que si la peau blanche se vendait, Diagne l'aurait payée très cher pour achever de renier sa race, comme il vient de le faire à l'égard de son pays.

Signé : La Race Nègre

⁂

SERVEZ, SERVEZ LA MERE PATRIE[1]

Servez, fonctionnaires indigènes ! Servez toujours ! Tout ce que l'on peut dire sur les injustices dans l'armée indigène peut être répété pour les cadres des fonctionnaires indigènes recrutés dans les colonies.

De Conakry (Guinée française), on nous demande si le salut à un administrateur de cercle est une obligation. On nous affirme en même temps que les administrateurs de cette colonie font frapper avec des nerfs de bœufs, par la milice, les indigènes qui, par surcroît de malheur, oublient d'ôter leurs bonnets et faire des courbettes, quand ils les rencontrent.

Dans le même courrier, nous relevons ce passage d'une lettre d'un fonctionnaire indigène : « Ici, à la capitale de la Guinée le traitement d'un fonctionnaire indigène ne dépassera jamais 250 francs par mois, tandis que les fonctionnaires européens y débutent de 500 à 600 francs par mois. Sans compter leurs innombrables indemnités que nous n'avons pas. Les femmes européennes n'arrivent au bureau qu'à 10 heures et, au lieu de travailler, elles se mettent à raccom-

[1] [*La Race Nègre* (juin 1927).]

moder les chaussettes de leurs maris, leurs bas ou leurs mouchoirs et à bavarder au point d'empêcher les hommes à faire leur travail. »

Dire que tous ces gens sont payés très largement, tandis que les nègres qui travaillent du matin au soir, et font encore le travail des autres, n'auront comme salaire maximum que 250 francs par mois !

Avec ça, si vous n'êtes pas contents !

Reservez ! Servez, servez la mère-patrie !

Servez, fonctionnaires indigènes ! Servez toujours.

La France vous récompensera plus tard. Avec ça : *une croix de bois.*

Article non signé

⁂

AVERTISSEMENT : À NOS FRERES ANTILLAIS FONCTIONNAIRES DANS LES COLONIES FRANÇAISES DE POPULATIONS NOIRES[1]

On nous signale que certains Antillais envoyés comme fonctionnaires dans l'administration coloniale de l'A.O.F. et de l'A.E.F. publient souvent leur origine de fils d'Afrique et se conduisent d'une telle façon qu'ils soulèvent l'indignation générale de noirs originaires du pays et des blancs humains.

Ces nègres sont d'un orgueil qui parfois les porte à se croire supérieurs aux nègres de vieille souche africaine directe.

Il est bien regrettable pour nous nègres de lire sur les lettres qui nous viennent de Bamako (Soudan français), de Douala (Cameroun) et de Siguiri (Guinée française), cette même phrase à l'égard des nos frères Antillais : « Ils (les Antillais) sont pires que les blancs à l'égard des indigènes du pays ».

---

[1] [*La Race Nègre* (juin 1927).]

Nous prions instamment nos frères Antillais de se défaire de ces erreurs et de s'inspirer de l'exemple de quelques-uns de leurs compatriotes, tels que M. Jean-Louis Bagghir et autres dont nous n'avons qu'à nous louer de leur conduite à l'égard des leurs frères africains.

À bon entendeur, salut !

Article signé : La Ligue

⁂

LA GÉNÉROSITÉ FRANÇAISE SOUS LA IIIe RÉPUBLIQUE[1]

La générosité de la France est légendaire. Les réalités actuelles y contredisent pourtant aux colonies de façon irrécusable.

En effet, le gouvernement colonial français ne veut même pas nous permettre de donner à nos compatriotes et frères de race la conscience de la personnalité nègre. Il est décidé à enrayer toute propagande qui a la velléité de convaincre les Nègres de compter, avant tout, sur eux-mêmes pour leur émancipation totale. Aussi bien, le Gouvernement Général de l'A.O.F. vient-il, dans sa circulaire confidentielle n°258-C, d'ordonner à MM. les Lieutenants-Gouverneurs des colonies du groupe d'arrêter notre journal, de prendre d'autres précautions que nous tairons. Cette lettre confidentielle ressemble étrangement à la lettre 117-C du 26 décembre 1911, où M. le Gouverneur Général de l'A.O.F. d'alors donnait des instructions à ses collaborateurs pour les mesures à prendre contre les musulmans en général, et les mourides (cheikhs de l'ordre religieux fondé par Ahmadou Bamba[2]) en

---

[1] [*La Race Nègre* (septembre 1927).]

[2] [Cheikh Amadou Bamba M'Baké, fondateur de la confrérie des Mourides au Sénégal : longtemps perçu comme une menace aux

particulier. Il s'agit donc de nous persécuter à la manière... française. Singulière façon de faire aimer la France chez nous, conception encore médiévale de la générosité ! On était tout de même sain, heureux, riche, on avait toutes sortes de libertés, il n'y avait pas de préjugé de race aux beaux temps des Albouri N'Diaye, des Ahmadou Cheikou, des Samory, des Béhanzin[1], des Rabat, des Tiéba, tous détruits par la « force créatrice ». Le règne de Demos III est très dur pour nous. Les sacrifices des centaines de milliers de nos frères pendant la Guerre du Droit et de la Civilisation, les guerres du Maroc et de Syrie, n'ont-ils eu que ce résultat ? Merci, monsieur le Gouverneur Général de l'A.O.F. Nous nous souviendrons toujours qu'un Mahatma Gandhi n'aurait jamais eu droit à la vie libre dans une colonie française.

Dans les colonies anglaises d'Afrique, les Nègres tiennent des congrès, ont des journaux hardis et actifs, sont en relations actuelles avec le monde extérieur. En Afrique noire française, c'est tout autre. Si nous avions la mauvaise inspiration de tenir des congrès, par exemple à Dakar, à Bamako, à Grand-Bassam, à Porto-Novo ou à Libreville, nous savons ce qui nous attendrait.

Il nous est interdit en A.O.F. de recevoir des journaux de nos frères de race des États-Unis d'Amérique, du Brésil, de l'Argentine, etc. N'en doutez pas, nous vivons sous les trois couleurs qui ont défendu avec un héroïsme sublime les Principes de 1789.

Pauvre France, où vas-tu ? Tu te résignes à vivre de souvenirs en fait de générosité !

Signé : La Race Nègre

---

intérêts français, il est exilé à deux reprises avant de devenir un « ami » de la France. Voir Annexe 11, p. 143.]

[1] [Albouri N'Diaye, Ahmadou Cheikou, Samory, Béhanzin sont des figures importantes de la résistance africaine à la conquête coloniale en Afrique occidentale française.]

ANNEXES

ANNEXE 1

Divers documents relatifs aux activités militantes de Lamine Senghor

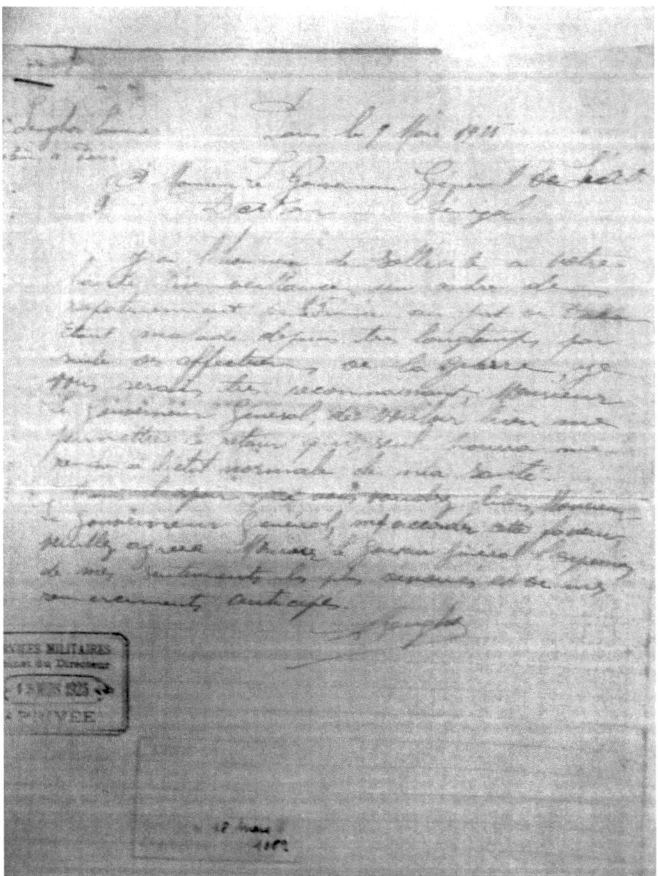

Lettre autographe signée de Lamine Senghor, 9 mars 1925, au Gouverneur général de l'A.O.F.
ANS 13 G 30 (17).

Texte de la lettre de Lamine Senghor au Gouverneur Général de l'A.O.F. envoyé le 9 mars 1925

À M. le Gouverneur Général de l'A.O.F.
Dakar-Sénégal

J'ai l'honneur de solliciter à votre haute bienveillance un ordre de rapatriement de France au port de Dakar. Étant malade depuis très longtemps par suite des affectations [*sic*] de la guerre, je vous serais très reconnaissant, Monsieur le Gouverneur Général de vouloir bien me permettre ce retour qui seul me rendra à l'était normal de ma santé.

Dans l'espoir que vous voudrez bien, Monsieur le Gouverneur Général, m'accorder cette faveur, veuillez agréer, Monsieur le Gouverneur Général, l'expression de mes sentiments les plus dévoués et de mes remerciements anticipés.

Signé : Lamine Senghor

⁂

Le B.O.P [Bloc Ouvrier et Paysan] présente des candidats coloniaux (extrait)[1]

L'impérialisme français n'est pas à son aise. Toute sa presse colonialiste le prouve par des vociférations à l'encontre du communisme. Mais, diable, pourquoi cet épouvantable et sanguinaire communisme, combattu par le capitalisme avec tant de rage, attire quand même à lui les masses indigènes ? Pourquoi ces masses lui sacrifient-elles les « bienfaits » apportés par la colonisation et pourquoi fuient-elles les « bras maternels » de la nation dominante ?

---

[1] [*Le Paria : Tribune du prolétariat colonial*, 33 (mai 1925), p. 1.]

Il doit y avoir une raison majeure, qui, malgré M. Pierre Mille, M. de Pouvourville, M. Outrey ou autres stratèges politiques de la colonisation, pousse les parias coloniaux à embrasser ce spectre dont on les effraye ? Et la raison est simple : les indigènes, si ignorants soient-ils, se réveillent à la lutte des classes. Trompés par les divers gouvernements bourgeois qui se succédèrent en France, ils ne veulent plus se laisser endormir par les mensonges de la bourgeoisie française.

Lors de la dernière guerre, ils virent des centaines de mille de leurs frères assassinés sur le charnier capitaliste. Ce sacrifice devait être compensé par des réformes : abolition des lois d'exception qui les maintiennent au niveau des bêtes, amélioration de leurs conditions économiques, extension de leurs droits politiques. Mais, tout cela, c'est pure hypocrisie ! Et les indigènes se sont vite édifiés sur tant de promesses fallacieuses ; les engagements les plus solennels reniés, les quelques libertés acquises violées, le Code de l'indigénat devenir plus écrasant.

Las de souffrir de l'état d'infériorité sociale ils s'étouffent, ils veulent leur place à la lumière, et une part égale des droits dont jouissent d'autres hommes.

Or, cette égalité, un seul parti la réclame pour les indigènes, un seul parti l'exige en luttant ferme et sans se soucier des hurlements, ni de la répression gouvernementale esclavagiste. Et la lutte que mène le parti communiste n'est pas seulement verbale. Par des actes concrets dont les indigènes ont pu voir maints exemples et apprécier l'intension hautement désintéressée, le parti rallie dans son sein la masse des exploités et opprimés coloniaux.

* * *

Parmi les réformes promises, la représentation des indigènes au Parlement était une de celles qui devaient soulager leurs maux. Elle fut piétinée sans pudeur. Le Parti [communiste] français répondit en mai dernier à cette fourberie du capitalisme en présentant aux élections législatives la candidature de notre camarade algérien Hajali Abdel Kader. Plus de 40.000 ouvriers français ont voté pour le candidat indigène et ont par cela même condamné toute la politique coloniale de la France en portant leurs voix sur cette candidature. Le capitalisme en frémit, le soufflet fut magistral.

Le prolétariat français montra que, malgré la perfidie de la grosse banque et de la grande industrie, l'Union des exploités métropolitains et coloniaux ne fut plus un mythe, elle devint effective et efficace. Les indigènes, eux, ne doutant plus de la sincérité du Parti Communiste, se rallient à lui en grand nombre.

Cette année, c'est aux élections municipales de la Ville de Paris, que le Bloc ouvrier-paysan, présente deux coloniaux, Hadjali (Algérien), dans le cinquième arrondissement, et Seinghor [*sic* partout] (Sénégalais) dans le treizième.

Les ouvriers parisiens sauront, une fois de plus, flétrir la politique gouvernementale en déléguant à l'Hôtel de Ville, deux représentants d'un prolétariat qui, quoique français (c'est le boucher Mangin[1] qui l'affirme), n'a pas le droit de vote.

* * *

La candidature de Seinghor, ce sera une protestation vivante de centaines de milliers d'Africains, que Diagne, pourvoyeur de chair noire, a vendu aux bouchers de 1914. Mutilé de la guerre du « Droit », Seinghor, mieux que tout autre, saura dénoncer les infamies d'un gouvernement esclavagiste qui veut rétablir le travail forcé, en militarisant tous les nègres

[1] [Le lieutenant-colonel Mangin, auteur de *La Force noire* (1910 ; rééd. coll. Autrement Mêmes, 2011), texte qui prône l'utilisation beaucoup plus répandue des troupes africaines.]

afin de parer à la pénurie de main-d'œuvre qui sévit dans les exploitations cotonnières.

[...]

Nous ne doutons pas du succès de ces candidatures coloniales, et nous espérons que les aveugles comprendront maintenant pourquoi le communisme épouvante le capitalisme français. Le capitalisme, comme un voleur, entrevoit avec terreur, le jour où il lui faudra rendre des comptes à ses victimes. Ce jour approche, le capitalisme use de tous les expédients pour l'éloigner.

Mais le Communisme vaincra !

Article signé : El Djazairi

□

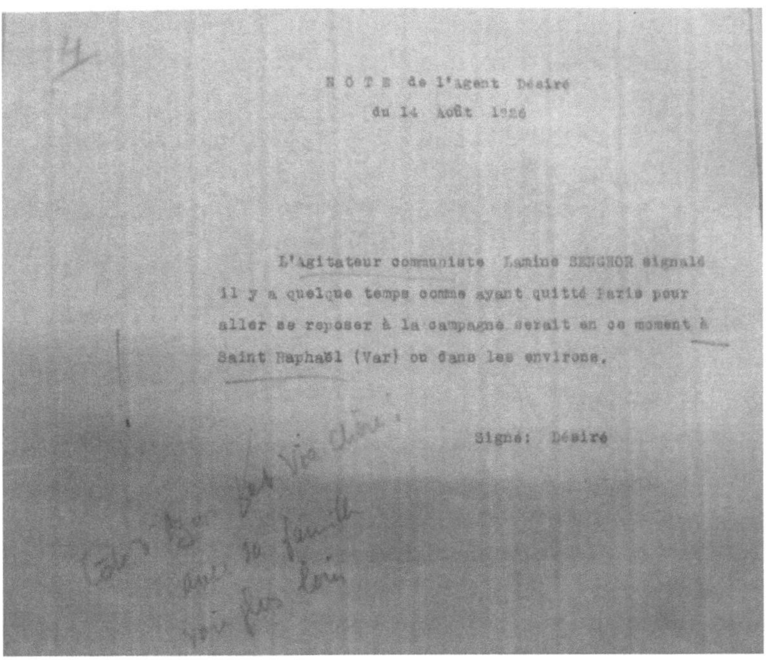

N O T E de l'Agent Désiré
du 14 Août 1926

L'Agitateur communiste Lamine SENGHOR signalé il y a quelque temps comme ayant quitté Paris pour aller se reposer à la campagne serait en ce moment à Saint Raphaël (Var) ou dans les environs.

Signé: Désiré

Note de l'Agent Désiré, 14 août 1926 :
remarque manuscrite : « Côté d'Azur et vie chère ! »
ANS 21 G 27 (17).

Le gouverneur du Sénégal persécute Senghor. Les explications embarrassées de M. Diagne[1]

Notre camarade Lamine Senghor, qui fut candidat du Bloc Ouvrier et Paysan aux dernières élections législatives a des démêlés avec le gouvernement colonial au Sénégal, son pays natal. L'administration sénégalaise émet en effet la prétention de lui retirer sa qualité et ses droits de citoyen français.

Récemment, notre camarade Duclos, député du B.O.P., rencontrant M. Diagne, député du Sénégal, dans les couloirs de la Chambre des députés, lui demanda des explications au sujet de l'intolérable prétention du gouverneur du Sénégal.

Pour toute réponse, le grand serviteur des marchands de cacahuètes de Bordeaux et de Marseille, dit à Duclos : « Senghor se sert de l'état-civil de son frère… »

Devant cette accusation absurde et mensongère, Senghor se borne à se poser deux questions au député sénégalais :

1. Y a-t-il au Sénégal un deuxième homme, mort ou vivant, nommé Lamine Senghor, fils d'Ibrahim et de Yagore N'Diaye ?
2. Y a-t-il eu, du 4 août 1914 au 11 novembre 1918, dans toute l'armée française, deux Lamine Senghor ?

S'il n'y a pas eu un deuxième Lamine Senghor, la preuve est faite que M. Diagne a menti ou, du moins, s'est fait l'écho d'un mensonge. Cela, au surplus, ne saurait nous surprendre de la part d'un homme qui n'a su être au Sénégal que l'intermédiaire des exploitations et des assassins de ses frères.

On calomnie et persécute Senghor pour l'unique raison qu'il a adhéré à la IIIe Internationale et a eu le courage de flétrir, ainsi qu'il sied, les colonialistes français et les exploiteurs de tout ordre.

Article non signé

---

[1] [*L'Humanité* (1er septembre 1926), p. 2.]

ANNEXE 2

Documents relatifs aux activités du Comité de Défense de la Race Nègre et de la Ligue de Défense de la Race Nègre (1926-27)

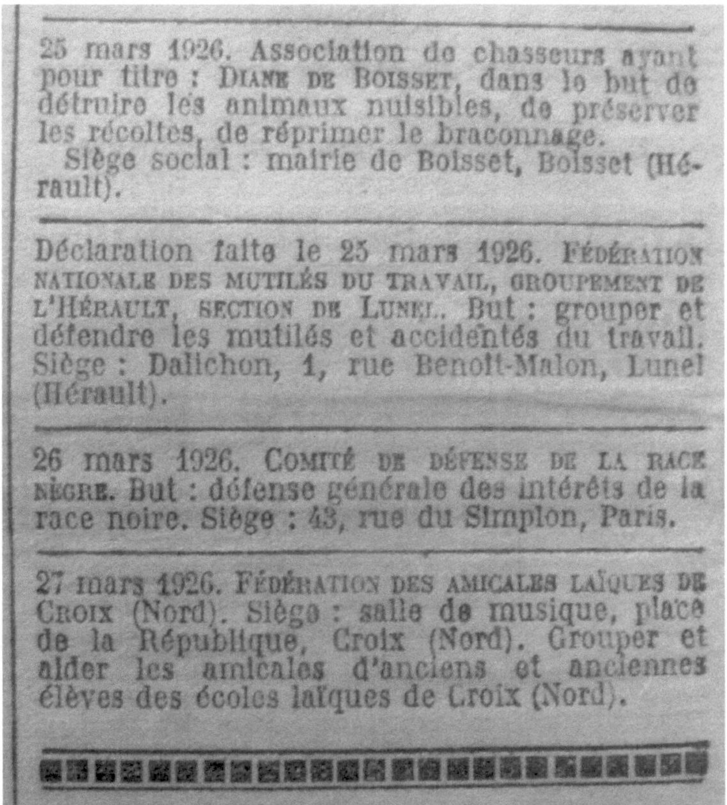

25 mars 1926. Association de chasseurs ayant pour titre : DIANE DE BOISSET, dans le but de détruire les animaux nuisibles, de préserver les récoltes, de réprimer le braconnage.
Siège social : mairie de Boisset, Boisset (Hérault).

Déclaration faite le 25 mars 1926. FÉDÉRATION NATIONALE DES MUTILÉS DU TRAVAIL, GROUPEMENT DE L'HÉRAULT, SECTION DE LUNEL. But : grouper et défendre les mutilés et accidentés du travail. Siège : Dalichon, 1, rue Benoît-Malon, Lunel (Hérault).

26 mars 1926. COMITÉ DE DÉFENSE DE LA RACE NÈGRE. But : défense générale des intérêts de la race noire. Siège : 43, rue du Simplon, Paris.

27 mars 1926. FÉDÉRATION DES AMICALES LAÏQUES DE CROIX (Nord). Siège : salle de musique, place de la République, Croix (Nord). Grouper et aider les amicales d'anciens et anciennes élèves des écoles laïques de Croix (Nord).

Entrefilet du *Journal officiel* du 30 mars 1926
annonçant la création du CDRN.
ANOM Slotfom 3, carton 37.

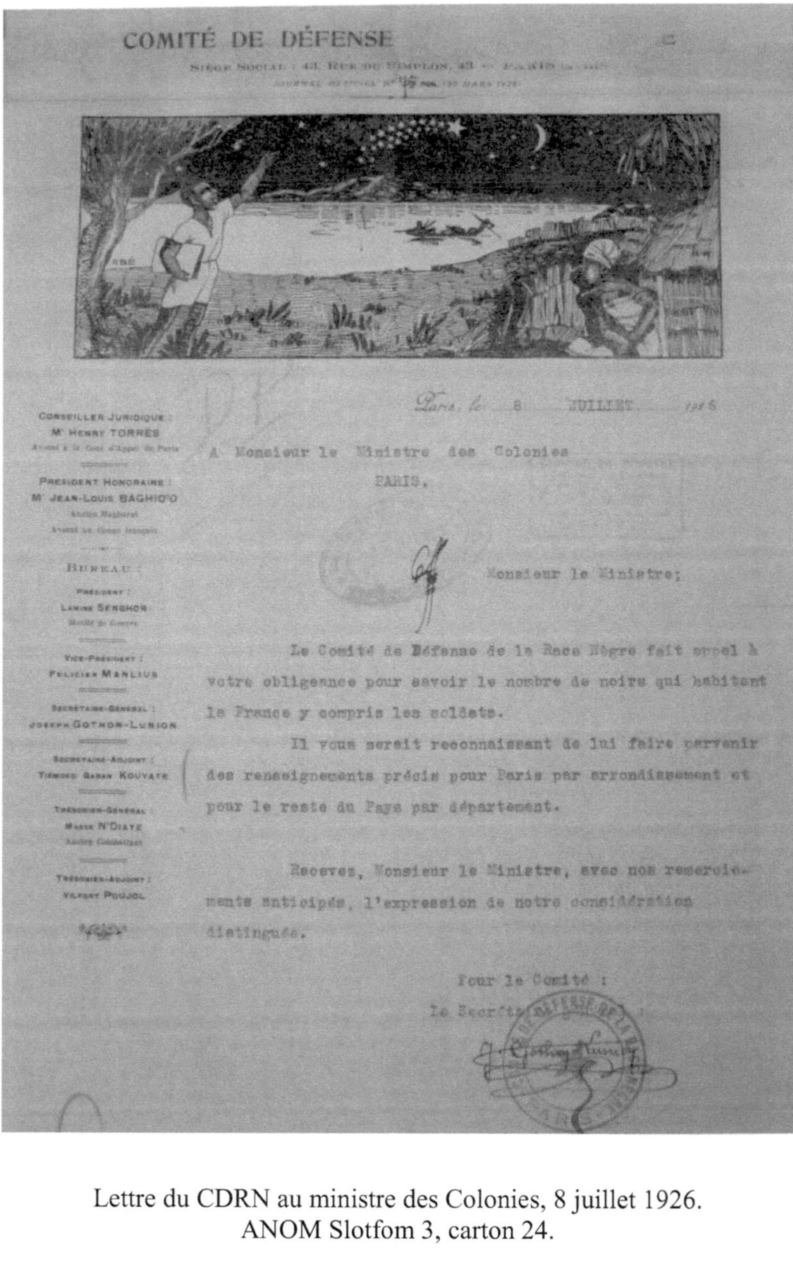

COMITÉ DE DÉFENSE

CONSEILLER JURIDIQUE :
Mᵉ HENRY TORRÈS

PRÉSIDENT HONORAIRE :
Mᵉ JEAN-LOUIS BAGHIO'O

BUREAU :

PRÉSIDENT :
LAMINE SENGHOR

VICE-PRÉSIDENT :
FÉLICIEN MANLIUS

SECRÉTAIRE-GÉNÉRAL :
JOSEPH GOTHON-LUNION

SECRÉTAIRE-ADJOINT :
TIÉMOKO GARAN KOUYATÉ

TRÉSORIER-GÉNÉRAL :
MAKSS N'DIAYE

TRÉSORIER-ADJOINT :
VILFORT POUJOL

Paris, le 8 JUILLET 1926

A Monsieur le Ministre des Colonies
PARIS.

Monsieur le Ministre;

Le Comité de Défense de la Race Nègre fait appel à votre obligeance pour savoir le nombre de noirs qui habitent la France y compris les soldats.

Il vous serait reconnaissant de lui faire parvenir des renseignements précis pour Paris par arrondissement et pour le reste du Pays par département.

Recevez, Monsieur le Ministre, avec nos remerciements anticipés, l'expression de notre considération distinguée.

Pour le Comité :
Le Secrétaire Général :

Lettre du CDRN au ministre des Colonies, 8 juillet 1926.
ANOM Slotfom 3, carton 24.

Comité de Défense de la Race Nègre

Journal Officiel du 30 Mars 1926 (N° 75)

Fondé pour poursuivre sur tous les terrains la Défense générale des Intérêts de la Race Nègre

Pour tous renseignements, s'adresser au Siège Social :
43, Rue du Simplon, 43 — PARIS (18e)

Permanence tous les jours de 9 heures à midi et de 2 heures à 6 heures
Exceptionnellement le Dimanche matin de 10 h. à midi

A tous nos sœurs et frères Nègres !

Considérant que, seuls, les noirs sont inorganisés en France, qu'ils tombent malades et meurent ignorés dans les hôpitaux !

Considérant que nous devons nous entr'aider d'abord, afin d'avoir droit à l'aide d'autrui ensuite, que notre inaction et notre passivité sont la cause de tous nos malheurs :

Le Comité de Défense de la Race Nègre a pris l'initiative de nous grouper tous.

Noirs conscients adhérez au Comité de Défense de la Race Nègre !

Retirez votre carte de membre actif si vous ne l'avez pas encore fait.

Notre union diminuera nos souffrances !

Notre union fera notre force !

Notre union sera notre Dignité !

Démonstration au Cimetière du Père-Lachaise

Le Dimanche 25 Juillet 1926 à 10 h. 1/2

pour honorer la mémoire du **libérateur** de la race noire : V. SCHŒLCHER

Rassemblement: Entrée principale du Cimetière du Père-Lachaise

Métro : Philippe-Auguste

Le Cortège se mettra en marche à **10 h. 45.** Il aura à sa tête le Commandant de Vaisseau **MORTENOL,** défenseur de Paris en 1914.

Le Comité de Défense de la Race Nègre vous convie à cette grandiose manifestation. Il vous demande tout particulièrement à vous imposer à l'opinion par une conduite digne.

Le service d'ordre sera assuré

Le Bureau du Comité

Notice d'une démonstration au cimetière de Père Lachaise le 25 juillet 1926.
ANOM Slotfom 3, carton 37.

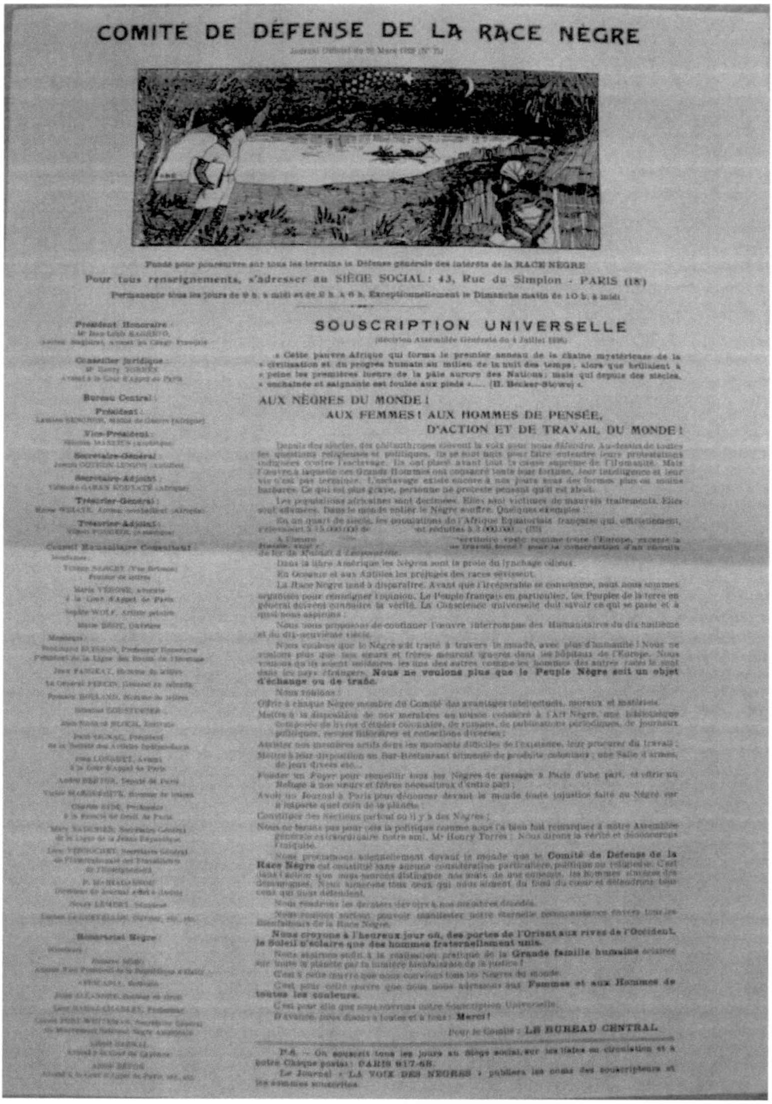

Affiche du CDRN pour une souscription universelle (vers l'été 1926).
ANOM Slotfom 3, carton 37.

Image d'en-tête officielle du CDRN en 1926.
ANOM Slotfom 3, carton 37.

Un appel du « Comité de défense de la race nègre ». Les opprimés noirs se groupent[1]

Nous avons déjà signalé à nos lecteurs l'organisation du *Comité de Défense de la race nègre*, créé pour permettre à tous les opprimés noirs de se grouper afin de mieux soutenir leurs revendications. Ce comité vient de lancer un appel dont nous extrayons les passages suivants :

Après l'effondrement de « Ligue Universelle pour la Défense de la Race Noire », les jeunesses nègres ont compris la nécessité historique de s'organiser. Sans aucune distinction de sexe ni de nationalité, le C.D.R.N. groupe tous les nègres demeurant à Paris. Nous voulons que le nègre soit traité, à travers le monde, avec un peu plus d'humanité !

Nous ne voulons plus que nos sœurs et frères meurent ignorés dans les hôpitaux. Nous voulons qu'ils soient solidaires les uns envers les autres comme les hommes des autres races le sont dans les pays étrangers.

Nous voulons offrir à chaque nègre, membre du Comité, des avantages intellectuels, moraux et matériels.

Nous voulons mettre à la disposition de nos membres un musée consacré à l'art nègre, une bibliothèque composée de livres, d'études coloniales, de romans, de publications périodiques, de journaux politiques, revues littéraires et collections diverses.

Nous voulons assister nos membres actifs dans les moments difficiles de l'existence. Nous voulons pouvoir leur procurer du travail...

* * *

La race nègre a quelque chose à apporter au monde.

---

[1] [*L'Humanité* (25 septembre 1926), p. 2.]

Elle ne peut pas rester éternellement frappée d'ostracisme La race nègre cultivée révélera au monde, elle aussi, des génies universels !

Ceux qui retardent ou empêchent systématiquement son ascension à la lumière et au progrès sont les ennemis mortels de l'évolution totale humaine.

* * *

Il ne faut qu'aucun nègre, qu'aucun homme de bien, ait à s'excuser de ne pas faire son devoir dans la crainte de l'inutilité de ses efforts. Quelque obscur que soit le poste qu'il occupe, quelque illimité que soit la sphère de son action, nul d'entre nous ne peut prévoir les résultats réservés à ses efforts.

Mais ce qui est certain, c'est qu'il aura la fierté de dire demain : « J'ai travaillé au rapprochement sincère de toutes les races afin de faciliter l'évolution totale de l'humanité » !

C'est à cette œuvre que nous convions tous les nègres du globe !

C'est pour cette œuvre que nous faisons appel à tous les peuples des colonies !

C'est en son nom que nous nous adressons aux consciences généreuses de toutes les races humaines !

Pour le Comité : Le président empêché, le Vice-Président : F. Maulin

Le secrétaire général : J. Gothon-Lunion.

* * *

Nous ne pouvons qu'encourager l'initiative du *Comité de défense de la race nègre* et lui apporter notre appui.

Nous savons cependant que la question de l'émancipation des « esclaves » noirs dans nos colonies, comme dans celles des autres États capitalistes, ne se résout pas pour les dirigeants de ces États à une simple question de civilisation et d'humanité – car les nègres ne lutteront vraiment pour leur émancipation que lorsqu'ils auront compris que leur sort est lié à celui du prolétariat et que leur ennemi est le même sur le nôtre : qu'il s'appelle le capitalisme.

Et c'est à nous à leur faire comprendre.

Article non signé

⁂

Lettre au Président de la République : Paris, le 4 octobre 1926, écrite par Joseph Gothon-Lunion au nom du CDRN[1]

Monsieur le Président

Nous avons l'honneur de faire appel une seconde fois à votre très haute générosité pour le Comité de Défense de la Race Nègre.

Fondé à Paris le 26 mars dernier pour s'intéresser au sort matériel et moral de la Race Nègre dans le monde, il se place au-dessus de toutes les questions religieuses et politiques.

Nous conformant, Monsieur le Président, aux décisions de notre dernière assemblée générale nous faisons appel au monde entier. Mais nous demandons d'une manière toute particulière « des faveurs à la France (nous disons à chaque Français), un appui même, en reconnaissance du sang nègre versé sur les champs de bataille... Ce n'est pas faire de la politique que de parler des droits des Nègres que la République Française a réclamés la première et qu'elle doit s'efforcer de maintenir ».

Nous croyons, Monsieur le Président de la République, à la réelle solidarité de toutes les races pour l'évolution totale

[1] [ANOM Slotfom 3, carton 24.]

de l'humanité ! Nous croyons surtout à l'aide matérielle effective que doivent nous apporter tous ceux qui se réclament du sang français.

Il n'est pas douteux que le Peuple français discernera l'attitude protectrice, généreuse et de premier plan qu'elle peut assumer (qu'elle tiendra à assumer croyons-nous) à l'égard de notre œuvre profondément humaine.

[...]

Dans l'espoir que vous daignerez prendre en considération notre humble demande, nous vous prions d'agréer, Monsieur le Président, avec nos remerciements anticipés, l'humble témoignage de notre profond respect.

Pour le Comité

Le Fondé de Pouvoir (séance du 13 mai 1926)

Signé : Gothon-Lunion

⁂

Un Congrès de Nègres rue de la Sorbonne[1]

Tandis que, par ce dimanche pluvieux, le public se pressait dans un cinéma de la place Saint-Michel, où l'on donnait la *Croisière Noire*[2], un peu plus haut, rue de la Sorbonne, se tenait l'assemblée générale du « Comité de défense de la race nègre ».

Le cinéma eut plus de succès que l'assemblée générale, mais certainement moins de pittoresque.

Dans la calme rue de la Sorbonne, on ne croisait que des silhouettes noires faisant les cent pas, et attendant que la séance commence, et pour qu'elle commence on attendait, mon Dieu..., l'arrivée des congressistes.

---

[1] [*L'Écho de Paris* (1er novembre 1924), p. 1.]

[2] [Film documentaire de Léon Poirier tourné au cours de la fameuse Croisière noire Citroën de 1925.]

Ils étaient convoqués pour deux heures et demie à cette « assemblée générale obligatoire ». À trois heures, ils étaient bien quarante dans la salle. Les organisateurs s'impatientaient, tandis qu'un noir superbe, ironique, plaisantait :

– Ils sont depuis huit jours à Paris, disait-il, et ils ont déjà pris l'habitude des Parisiens, qui est d'arriver toujours avec au moins une heure de retard.

– Etes-vous nombreux ? demandais-je au secrétaire général.

– Oh ! répondit-il, il y a dans cette salle plusieurs délégués qui représentent plus de trois mille nègres.

À 3h ½, une vingtaine de nouveaux congressistes étant arrivés, on renonça à attendre les retardataires et la séance commença.

S'ils n'étaient pas très nombreux, par contre on pouvait voir dans la salle toute la gamme des noirs, depuis l'ébène le plus pur jusqu'au nègre blanc qui semblait sortir d'une lessive, n'ayant conservé de sa race que ses cheveux crépus. Les uns portaient des complets élégants, coupés par le bon faiseur ; d'autres, moins riches, étaient habillés comme nos étudiants.

Mlle Nardal[1], fille d'un ingénieur des ponts et chaussées de la Martinique, d'un beau noir chocolat, élégante et gracieuse arriva. On s'empressa auprès d'elle ; on lui baisa la main. On fit de même pour une jeune et ravissante négresse qui portait un manteau de velours noir sur lequel se détachait un gros bouquet de violettes de Parme.

Les membres du bureau avaient pris place sur l'estrade. L'avait-on fait à dessein, où était-ce l'effet du hasard, mais derrière eux se trouvait un gigantesque tableau blanc sur lequel, semblables à des ombres chinoises, se détachait les figures noires.

---

[1] [Il s'agirait de Paulette Nardal, l'une des célèbres sœurs Nardal, qui tiennent un salon littéraire à la maison familiale en banlieue parisienne et qui vont fonder plus tard *La Revue du monde noir*.]

On donna tout d'abord lecture des lettres d'excuses et toutes les personnalités invitées et dont pas une n'était venue ; puis le président et les orateurs prirent tour à tour la parole. Et voici ce que l'on entendait : « Notre comité est fondé sans considération de tendance politique ou religieuse. Nous voulons écarter l'entité méchante [»]. Si la force a ses droits, l'innocence a les siens.

Il fut même question de Mlle Joséphine Baker. L'un des trois orateurs qui parlait avec une rapidité déconcertante prononça cette phrase : « On dit que nous sommes jeunes ; mais souvenons-nous que le président Ébert n'était qu'un petit ouvrier et qu'il est mort président de la République. » Il déchaîna un tonnerre d'applaudissements.

Ainsi, les noirs veulent se grouper, constituer une force et jouer un rôle. Ils pensent justement qu'ils sont Français et veulent servir la France.

Signé : Pierre Bret

COMITÉ DE DÉFENSE DE LA RACE NÈGRE

Siège Social : 43, Rue du Simplon, 43 — PARIS (18e)

Aux Membres actifs du Comité

Notre société vient de traverser une crise sérieuse. Le Bureau dont l'existence devenait difficile décida de demander à notre Président, malade dans le Midi, de faire l'impossible pour venir à Paris, mettre un terme à cette situation. Notre Président accourut à l'appel du Bureau, sans souci pour sa santé et les 900 kilomètres qui le séparaient de la capitale. Une enquête sérieuse et profonde, dont les détails vous seront connus, exigea du Bureau le vote d'une motion sévère, contre laquelle il n'y eut qu'une seule voix, celle de l'intéressé mis en cause.

Le Bureau a fait son devoir, aux sociétaires à faire le leur. La leçon devra servir pour l'avenir. Il convoque les adhérents à

l'Assemblée Générale Extraordinaire

qui aura lieu le **Dimanche 16 Janvier**, à 14 heures

— **Salle de l'Indépendance, 48, Rue Duhesme** (Nord-Sud : Jules-Joffrin) —

ORDRE DU JOUR :

1° Rapport du Bureau;
2° Compte rendu du président délégué à la propagande;
3° Précision sur l'orientation politique du C. D. R. N.;
4° Désignation de membres du Bureau;
5° Nomination d'une Commission de contrôle.

Pour le Bureau du Comité :
Le Président : SENGHOR.

MAISON DES SYNDICATS (*Service de l'Imprimerie*)

C'est à cette A.G. extraordinaire que la scission entre différentes factions est devenue irréparable. ANOM Slotfom 5, carton 3.

Lettre relative à la distribution de « La Race Nègre » en Afrique Occidentale Française[1]

Kati, le 9 octobre 1927

LE CAPITAINE MADEMBA Commandant la 8e Cie du 2e R.T.S. au Colonel Commandant le Régiment, Kati.

J'ai l'honneur de vous rendre compte des circonstances qui m'ont fait connaître l'existence du journal « La Race Nègre ».

Quelques-uns de mes compatriotes lettrés viennent parfois me demander des renseignements et m'entretenir de sujets de toutes sortes.

Au cours d'une conversation un jeune fonctionnaire voulut savoir ce que je pensais du journal « La Race Nègre » qu'il avait lu et que j'ignorais d'ailleurs. Il m'en indiqua les tendances et les buts. Je lui fis la réponse qui convenait et lui déconseillai la lecture de cet organe.

Je voulus cependant en détenir un numéro afin de rendre compte au colonel Commandant la 2e RTS, et éviter dans nos camps la diffusion des idées subversives de quelques énergumènes, qui ne sont rien chez nous, mais qui deviennent des personnages, parce qu'il leur est permis en France d'insulter l'autorité et de prêcher la révolte.

J'ai pu ainsi recevoir des mains du fils d'un ancien interprète de Koulikoro, chevalier de la Légion d'honneur, l'exemplaire que j'ai transmis au Commandement.

Depuis, j'ai continué mon enquête et j'ai appris que « La Race Nègre » était envoyée aux écrivains indigènes de Koulouba et de Bamako, aux commerçants indigènes. S'il ne m'est pas possible de nommer mes compatriotes petits fonctionnaires craignant pour leur situation – ils ne m'ont renseigné que parce que confiante en ma discrétion – je puis

---

[1] [ANOM Slotfom 5, carton 3.]

citer, parmi ceux qui reçurent, sans l'avoir demandé, le numéro de propagande de la « Race Nègre », mon frère Racine Mademba, officier de réserve.

Par ailleurs, je sais, de militaires rentrés de l'extérieur, que des émissaires de la rédaction de la « Race Nègre » faisaient de la propagande auprès de nos gradés et tirailleurs de la Métropole.

Tous ces renseignements ont besoin d'être contrôlés. Dans tous les cas, des mesures sont à prendre contre les ennemis des blancs et de l'Armée Noire.

Signé : Mademba

ANNEXE 3

La Voix des Nègres et *La Race Nègre*

LA VOIX DES NÈGRES

ORGANE MENSUEL DU COMITÉ DE DÉFENSE DE LA RACE NÈGRE

A TOUS NOS FRÈRES !
A TOUS LES NEGRES DU MONDE !
A TOUS LES HUMANITAIRES DU MONDE !
A TOUS CEUX QUI S'INTERESSENT A LA RACE NÈGRE !

Ce qu'est notre Comité de Défense de la Race Nègre

LE MOT « NÈGRE »

Nègres, en garde !

CIVILISATION !

1ère page du 1er numéro de *La Voix des Nègres* (janvier 1927). (Voir textes p. 46-54 *supra*.) ANOM Slotfom 5, carton 3.

Au Comité de Défense de la Race nègre. Assemblée Générale Extraordinaire du dimanche 16 janvier 1927[1]

La séance s'ouvre à 15 heures sous la présidence de Rosso. À l'ordre du jour figuraient l'étude de l'orientation politique du Comité et l'examen du conflit né au sein du bureau entre la majorité de celui-ci et le secrétaire général Gothon-Lunion.

Dès le début de la réunion, quelques camarades, parmi lesquels Gothon-Lunion, Satineau, Mouthia, Capitaine et William protestent contre l'inscription à l'ordre du jour de la question de l'orientation politique du Comité, prétendant que celle-ci a déjà été fixée par de précédentes assemblées générales. Ils déclarent, en outre, qu'il n'y a plus de bureau à la tête du Comité de Défense et que dans ces conditions l'ordre du jour n'a pu valablement être élaboré par un bureau qui n'existe pas. Les camarades qui sont d'un avis différent leur font ressortir l'inexactitude de leur prétention et leur démontrent au surplus que l'orientation politique d'un groupement comme le Comité de Défense ne peut pas être immuable, qu'elle doit varier avec les circonstances et les événements dont elle est fonction. En ce qui concerne la non-validité de l'ordre du jour élaboré, il est démontré que le bureau n'a jamais été révoqué, qu'il n'est pas démissionnaire, que le seul conflit existant est entre la majorité du Bureau et le secrétaire général, et non pas entre le Bureau et le Comité de Défense de la Race nègre. Désormais, le Bureau aura pleine qualité pour établir statutairement l'ordre du jour de l'assemblée générale. Celle-ci, retenant cette option, décide d'adopter l'ordre du jour présenté pour être discuté.

Gothon-Lunion demande alors que la question du conflit entre le secrétaire général et la majorité du Bureau, d'ailleurs inscrite en tête de l'ordre du jour, soit d'abord examinée. Cette proposition est ratifiée et la parole est donnée au président Senghor Lamine, pour exposer la situation.

---

[1] [*La Voix des nègres*, 1 [*sic*] (mars 1927).]

De ses explications, il résulte que l'action de Gothon-Lunion, secrétaire général, a été très nuisible au fonctionnement régulier du Bureau, et a risqué de compromettre irrémédiablement l'existence du Comité de Défense. Les griefs du Bureau contre le secrétaire général Gothon-Lunion se résument ainsi : refus réitérés de convoquer le Bureau sur la demande du Président ; échange de correspondance au nom du Bureau sans assentiment préalable de celui-ci ; menaces proférées par Gothon-Lunion contre ses camarades, autres membres du Bureau, de les démettre à lui seul des fonctions qu'ils tenaient de l'assemblée ; notification faite par Gothon-Lunion au receveur des postes d'avoir à ne plus payer au trésorier du Comité de Défense les mandats et chèques postaux sans son autorisation, cette démarche abusive entravant la célérité du service du trésorier. Cette attitude de Gothon-Lunion a mis le Bureau dans la nécessité, en raison de l'urgence, de l'écarter et il est demandé à l'assemblée générale de ratifier cette mesure.

Gothon-Lunion est alors appelé à fournir ses explications. Aux griefs formulés contre lui, il ne fournit aucune réponse. Et au lieu de se maintenir sur le terrain précis de l'accusation, pendant près de deux heures, il se livre à une véritable diversion. D'après lui, la décision prise à son sujet par la majorité du Bureau trouve son origine dans l'opposition politique qui existe entre ses idées et celles de Senghor Lamine.

Aussitôt âpres le discours de Gothon-Lunion, les mêmes camarades qui avaient déjà exprimé la protestation au sujet de l'ordre du jour, et parmi lesquels Satineau, Mouthia, William, demandent qu'il soit passé au vote, sans que personne ne puisse répondre à la diversion de Gothon-Lunion qui lui-même n'a tenté aucune justification des griefs dont il était l'objet. Des réclamations se produisent de la part des camarades qui tiennent à être complètement éclairés. Mais le temps presse, un vote confus se produit. Le bureau en fonction est tout entier écarté et remplacé par un Bureau provisoire de trois membres : MM. Diaze Amadou, Satineau et Bloncourt, chargé d'assurer l'expédition des affaires jusqu'à la prochaine assemblée générale qui procédera à l'élection d'un nouveau bureau.

La séance est levée à 17 heures 30.

Article non signé

LA VOIX DES NÈGRES

POUR L'INDÉPENDANCE

LA QUESTION NÈGRE
DEVANT LE CONGRÈS DE BRUXELLES

AMNISTIE POUR TOUS

1ère page du 2e numéro de *La Voix des Nègres* (mars 1927)
marqué par erreur « n° 1 ». (Voir textes p. 55-102 *supra*.)
ANOM Slotfom 5, carton 3.

Réponse d'un ancien tirailleur sénégalais à M. Paul Boncour[1]

1912 mon ngasi [engagé] volontaire partir la guerre Morocco pasqui mon commandant mon cercle li promi boucou bons quand moi y a bien travailler pour Lafranci tuer boucou Morocains. Moi venir 2e régiment Kati [garnison près de Bamako], Ayéyé ! moi boucou maloré plus que esclave. Caporani y a frapper moi, sergent y a toujours manigolo [la chicotte] et yettenan même sosi. Y a pas bon, y a pas boucou manger. Ka même moi parti Morocco, moi gagni médailli militaire. 1914, la guerre Lafrance avec bochi y a comenser, moi vinir encore moi gagne la Marni Courouva la guerre moi gagné gallon caporani. 1916 moi gagne sagent. Mais sagent ropéen parler moi comme lui a parler tirailleur 2e classe. Gradé ropéens y a compter nous comme sauvasi [sauvages], comme plus mauvais chien encore. Si nous faire clamison ficiers [faire un réclamation aux officiers] y a dire nous, vous pas droit, vous pas citouin français vous...ndigènes. Martinaique, Gadouloup, Larégnon [La Réunion], Guyane avec Dakarou n Dara [Saint-Louis du Sénégal], Rofis [Rufisque] avec Gorée. Ca y a citouin français, ca y a comme boulan.

Minis la guerre li y a faire mauvais. Li payer beaucoup argent gradés ropéens, y a donné émpé émpé [un peu] pour gradés... ndigènes. Ca y a pas bon. Y a bien payer boulan [blanc], y a charité pour nous. Minis la pension li encore boucou volé... ndigène. Général Gouraud Dardanelles, Mangin l'Aisne (16 avril 1917) y a dire toujours tirailleur devant joby derrière toujours nous boucou gagné la mort.

Minis la pension li dire boulans en en avant tirailleurs en arrière, non boulan y a pas bon !

---

[1] [*La Race nègre* (juin 1927). Il s'agit probablement de M. Joseph Paul-Boncour, homme politique socialiste de l'entre-deux-guerres.]

Nous voir boucou clair maitana. M. Boncouri parler prendre tout l'monde pour faire encore la guerre, non ! y a pas moyn. Preni Martinaique, Gadouloup, Larégnon, Dakarou n Dara Rofis avec Gorée pour faire la guerre y a gagné raison. Tout ça y a Français noir mais y a Français ka même comme boulan. Maois nous… ndigène y a pas faire encore la guerre. Nous y a pas droit citouin français, y a pas droit boucou pension dans bataillon y a frapper nous manigolo, mauvais domouniki [nourriture] y a plus moyen pour faire Lafranci.

Arnien à faire !

Boulans y a compter… ndigènes comme sauvasis bon ! La guerre y a vinir encore… ndigène y a moyen faire comme sauvasi li partir la brousse rester tranquille. Tous les quelqu'uns qui y a droit citouin français y a faire la guerre li gagné boucou la mort.

Article signé : Baba Diarra

ANNEXE 4

Documents relatifs à *La Violation d'un pays*

Extrait d'une note sur la propagande révolutionnaire intéressant les pays d'outre-mer, Paris, le 28 février 1927[1]

Senghor a confié à des camarades qu'il avait terminé un roman qu'il se propose de confier à l'Humanité pour qu'il paraisse en feuilleton, avant d'être édité en librairie : ce serait une étude sur ce qu'est [*sic*] aux yeux de l'auteur la civilisation européenne : Senghor déclare avec complaisance que son œuvre serait d'une grande violence. Il faut espérer pour les lecteurs que le roman aura été préalablement mis en français lisible par Bloncourt, comme l'ont été les parties de discours prononcées à Bruxelles par Senghor et qui ne lui venaient pas toutes rédigées de la rue La Fayette.

⁂

Extrait d'une lettre du Gouverneur Général de l'Afrique Occidentale Française au Ministre des Colonies relative à la distribution de « La Race Nègre » et « La Violation d'un pays » en Afrique[2]

D'autre part, le service a été informé que le 26 juillet dernier des cartes à l'emblème de la faucille et du marteau avaient été distribuées aux manœuvres occupés à décharger le vapeur « Nil » amarré à quai à Dakar.

---

[1] [ANOM Slotfom 3, carton 145.]

[2] [ANOM Slotfom 5, carton 3.]

Des brochures intitulées « La Violation d'un pays » et éditées par les soins du Comité de Défense de la Race Nègre, et dont Lamine SENGHOR est le président ont également été distribuées, mais en très petit nombre semble-t-il. Une de ces brochures a été remise à un contre maître nommé Ibrahima Diack, de la Maison Maurel et Prom dans des conditions assez curieuses ce qui semble démontrer que ceux qui sont chargés de les distribuer ne perdent jamais une bonne occasion de faire de la propagande tout en ayant l'air de n'y attacher aucune importance.

Ibrahima Diack avait confié à un navigateur du « Nil » nommé Baba Sarr, originaire de Rufisque, une photographie pour la faire agrandir. Au retour du bateau le 26 juillet dernier, Baba Sarr lui remit l'agrandissement et en même temps une brochure en lui disant : « tiens, prend ce livre, il ne m'intéresse pas. Il paraît qu'il est écrit par un Noir. Tu le liras et le feras lire. »

Baba Sarr exerce sur le « Nil » la profession de maître d'hôtel.

Par ce même vapeur sont arrivés trois paquets de journaux « La Race Nègre », organe du Comité de Défense de la Race Nègre rédigé sous la direction de Lamine Senghor.

Ces journaux ont été saisis par le service de la Douane de Dakar [...].

ANNEXE 5

Le procès Diagne-*Les Continents*

Le Bon Apôtre[1]

Nous apprenons d'Amérique – M. Diagne est si discret – que le député du Sénégal s'apprête à parcourir les États-Unis où il fera des conférences sur Joseph et l'art de vendre ses frères.

M. Clemenceau est allé en Amérique, et les Américains connaissent désormais l'histoire du Haut-Commissaire aux troupes noires.

Le Tigre[2] qui n'osait pas ordonner de son propre chef le recrutement des soldats noirs fit mander M. Diagne

Celui-ci ne s'emballa pas devant les propositions du Président du Conseil.

– Moi, Monsieur le Président, me faire le commis-voyageur en soldats noirs…

– C'est bien, je vous donne quarante-huit heures pour me faire part de votre décision.

Par la suite, M. Clemenceau, matois comme toujours, s'empressa de faire savoir téléphoniquement à M. Diagne qu'il lui serait accordé une certaine commission par soldat recruté.

Aussitôt le député du Sénégal se précipite à la Présidence du Conseil. Il acceptait.

M. Mandel[3] ne contredira pas ces dires.

---

[1] [*Les Continents* (15 octobre 1924), p. 1.]

[2] [« Le Tigre » : surnom de Clemenceau.]

[3] [Il s'agirait de Georges Mandel, homme politique proche de Clemenceau.]

Ce fut ce que M. Diagne appela combattre pour la France et pour sa race.

Article non signé (mais réclamé plus tard par René Maran)

⁂

Extrait d'un article-résumé des témoignages lors du procès Diagne-Les Continents[1]

Enfin, un ancien tirailleur sénégalais, *Senghor Lamine* nous apporta mieux qu'un témoignage. Grand blessé, décoré de la croix de guerre. Il était suffisamment qualifié pour dire aux jurés ce qu'il pensait de notre action et de celle de M. Diagne.

Engagé volontaire (oui, M. le Recruteur, mais c'est nous qui l'avons recruté, et spontanément !), il avait entendu les plaintes de ses camarades de tranchée. On ne payait pas aux autres militaires noirs les mêmes primes qu'aux électeurs sénégalais de M. Diagne. On leur avait promis beaucoup. On ne tint guère. Aussi, M. Diagne, « qui était assez payé pour n'avoir pas besoin de vingt sous par recrue » n'était plus aimé chez ses compatriotes.

Enfin, *Senghor Lamine* adjura M. Diagne dans un touchant élan, « de ne pas condamner un blanc qui nous défend nous, les nègres ».

Article non signé

⁂

[1] [*Les Continents* (15 novembre-1er décembre 1924).]

Le scandale du recrutement des noirs en Cour d'assises[1]

La Cour d'assises de la Seine consacre ses audiences d'aujourd'hui et de demain à un procès qui va sans doute éclairer d'un jour cru le scandale de recrutement des troupes noires pendant la guerre « du Droit ».

« Les Continents », publication bimensuelle destinée à la défense de la cause des noirs, sous la direction de René Maran (l'auteur de *Batouala*), publiait le 15 octobre dernier un entrefilet intitulé « Le bon apôtre ».

Le fameux député Diagne, qui, haut-commissaire au recrutement des troupes noires, a piétiné cyniquement le Diagne qu'il avait été (ou feint d'être), et renié ses frères de race, avec ce cynisme odieux qui l'a voué à l'exécration de ceux qu'il avait trahis, s'y voit accusé d'avoir touché une commission par soldat noire recruté.

Prétendant se laver de l'accusation, cet Hervé nègre accuse à son tour de diffamation le gérant Jean Fangeat, des « Continents », et exigera dès aujourd'hui que la preuve de son infamie soit faite devant le jury parisien.

Parmi les témoins qui seront entendus, citons... Clemenceau lui-même, Painlevé, Maginot[2], Mandel, le général Gouraud[3], cité par la partie civile, que représente Me Delmont ; notre ami André Berthon[4], Félicien Challaye[5], René Maran, Gouttenoire de Toury, les généraux Verraux, Sarrail, cités par la défense (Me J. Ernest-Charles et Mme Yvonne Netter).

Nous reproduisons dès aujourd'hui le passage de l'article que le renégat Diagne incrimine :

---

[1] [*L'Humanité* (24 novembre 1924), p. 1.]

[2] [André Maginot, Ministre des Colonies en 1917.]

[3] [Il s'agit probablement du Général Henri Joseph Eugène Gouraud, qui passa plus de 20 ans en Afrique.]

[4] [Berthon est député communiste.]

[5] [Félicien Challaye est un anticolonialiste, proche de la Ligue des Droits de l'Homme. Voir notamment ses *Souvenirs sur la colonisation* (1935).]

« M. Clemenceau, matois comme toujours, s'empressa de faire savoir téléphoniquement à M. Diagne qu'il lui serait accordé une certaine commission par soldat recruté. Aussitôt le député du Sénégal se précipite à la Présidence du Conseil. Il accepte. M. Mandel ne contredira pas ces dires. Ce fut ce que M. Diagne appela : « Combattre pour la France et pour sa race ».

Article non signé

⁂

Le recrutement des noirs d'Afrique
Comment Diagne opérait[1]

Hier, devant les assises de la Seine, est venue la poursuite pour diffamation intentée par Diagne au journal *Les Continents*.

Trois témoins de Diagne : Clemenceau, Mandel et le général Gouraud ont envoyé des lettres affirmant que Diagne n'avait rien touché pour la besogne de trahison dont on l'avait chargé, et qu'il avait même refusé la légion d'honneur.

L'avocat de M. Diagne, Me Delmont, qui plaide toutes les mauvaises causes coloniales et qui est l'avocat de Jocelyn Robert, le gouverneur sanguinaire de la Guadeloupe, essaie de faire croire que l'article des *Continents* est un épisode d'une campagne communiste dont le siège serait à Genève et qui aurait pour but de provoquer des soulèvements dans les populations indigènes. C'est la répétition d'une nouvelle déjà formulée dans la presse bourgeoise. Mais l'accusé, M. Fangeat, gérant et rédacteur en chef des *Continents* se défend d'être un communiste et revendique son patriotisme affirmant être d'accord avec M. Diagne sur ce qu'« il considère la

---

[1] [*L'Humanité* (25 novembre 1924).]

France comme un pays de 90 millions d'habitants ». C'est la trouvaille de Mangin qui est ainsi reprise.

Les témoins

On procède à l'audition des témoins du député Judas-noir. M. Brunet, gouverneur du Haut-Sénégal Niger, déclare que sous Diagne les méthodes de recrutement ont cessé d'être ce qu'elles étaient. C'est l'aveu que les procédés que nous avons dénoncés – coups de filets, colonnes d'expédition, avions, grenades suffocantes, etc. – ont bien été pratiqués.

Puis on entend tour à tour Maginot ; M. Pierre Masse, ancien sous-secrétaire d'État ; M. Angoulvant, ancien gouverneur général de l'A.O.F. ; Painlevé ; M. Henri Simon, ancien ministre des colonies. Tous reconnaissent que le recrutement s'est fait par la chasse à l'homme en Afrique, mais ils apportent cette atténuation qu'à l'arrivée de Diagne et sous l'influence de celui-ci les méthodes se modifièrent, dressant des lauriers au trafiquant de viande noire.

Les témoins de la défense : M. René Maran, le général Sarrail, Ernest Lafon, déclarent qu'il n'y a pas à faire de distinction entre les deux périodes de recrutement avant et après Diagne, faisant ainsi le procès non seulement du recrutement mais aussi de l'utilisation des hommes par Mangin-le-Boucher. À certains jours sur 10.000 engagés dans une opération 6.500 étaient tués. Le général Véraud entend pour la première fois à l'audience le nom de M. Diagne.

A. Berthon à la barre

Notre ami André Berthon fait une impressionnante déposition. Il a connu M. Diagne adversaire irréductible non seulement des méthodes de recrutement indigène, mais du principe même du recrutement. Il cite des débats qui ont eu lieu avant 1917 à la Chambre en comités secrets où le député Diagne faisait montre à ce sujet d'une grande violence. Puis tout d'un coup Diagne, promu haut-commissaire par Clemenceau, se charge de la besogne qui lui répugnait si fort. Berthon flétrit cette attitude et conclut en disant que c'était une honte pour un noir de l'avoir acceptée. Il met en relief la beauté de la conception communiste en matière de peuples opprimés.

Puis un camarade du Sénégal : Senghor Lamine vient déclarer qu'en Afrique les chefs indigènes ont touché de l'argent pour recruter sous les auspices de Diagne et que parmi les tirailleurs il régnait un profond mécontentement, une profonde différence existant entre ceux-ci et les Sénégalais des quatre communes, électeurs de Diagne.

Enfin : MM. Henri Béraud, Renaitour, Gouttenoire de Toury sont des amis personnels de l'accusé qui témoignent de sa haute moralité.

Aujourd'hui : plaidoirie et verdict.

Article non signé

⁂

L'Affaire des « Continents ». Le Verdict[1]

Hier a pris fin le procès Diagne. À l'ouverture de l'audience on entend M. Félicien Challaye qui déclare qu'il n'a jamais proposé l'abandon des colonies, que la colonisation est pour lui un fait nécessaire mais qu'elle doit aboutir à une union et à une fusion des races. Quelle admirable candeur !

L'avocat de M. Diagne plaide et se complait dans un tas de lieux communs. Sa thèse se résume en ceci : M. Diagne fait ce procès parce que sans cela ce serait l'œuvre de la France qui serait compromise.

L'avocat général Béguin soutient le même point de vue. Puis on entend Me Ernest Charles pour M. Fangeat ; après de spirituelles observations il conclut en disant que Diagne n'a

[1] [*L'Humanité* (26 novembre 1924).]

jamais poursuivi d'autres journaux qui l'ont accusé d'avoir touché 13.000 francs par mois comme haut-commissaire et il le montre d'après un journal, « L'action coloniale », comme homme de conseils d'administration.

Le défenseur de l'accusé réclame l'acquittement. Après délibération le jury rapporte un verdict affirmatif et M. Fangeat est condamné par la Cour à 6 mois de prison avec sursis et 1.500 francs d'amende. Deux mille francs de dommages-intérêts sont alloués à M. Diagne, avec l'insertion de l'arrêt dans les *Continents*, le *Matin*, le *Journal*, l'*Œuvre*, le *Temps* et le *Quotidien*.

Article non signé

Blaise Diagne tourne le dos aux morts.
Dessin paru dans *L'Humanité* le 26 novembre 1924, à la fin du procès.

ANNEXE 6

L'école coloniale du parti communiste

Note de l'Agent Désiré du 2 mars 1925[1]

Deuxième leçon à l'École Coloniale communiste, Avenue Mathurin Moreau

Neuf élèves ont assisté au cours fait par l'Arabe Ali de 21h à 23h :

6 Arabes de l'Afrique du Nord
1 Annamite : Nguyen The Truyen
1 Antillais : Rosso
1 Sénégalais : Senghor

Le professeur explique les origines du capitalisme dans la Métropole et son exportation dans les colonies et pays de protectorat.

Autrefois, il y avait l'artisan. Celui-ci avait fait un long apprentissage et connaissait à fond son métier. Il avait une clientèle restreinte qu'il servait consciencieusement, sans jamais faire de surproduction. Peu à peu quelques artisans riches eurent l'idée de constituer des ateliers, puis des usines où on commence à spécialiser l'ouvrier. Ici Ali cite en exemple la fabrication d'une chaussure pour laquelle il faut de nombreux ouvriers, dont l'un bat le cuir, tandis que d'autres le taillent, etc… mais pas un seul ouvrier n'est capable de fabriquer en entier.

---

[1] [ANS 21 G 27 (17). Voir aussi p. 83 *supra*.]

Cette organisation de la spécialisation des ouvriers a augmenté considérablement la production et il est devenu nécessaire de chercher des débouchés pour écouler cette marchandise. Comme cette surproduction s'est produite en même temps dans tous les pays européens, ceux-ci ont été amenés à vouloir expédier leurs marchandises dans les pays neufs dont le développement technique était encore à l'état primitif. De là est venu le colonialisme et quand les bourgeois disent qu'ils sont venus vous apporter la civilisation ils mentent.

Les pionniers de la colonisation ont été les explorateurs, les géographes, les grands voyageurs. Ils sont soutenus par la presse capitaliste qui fait une réclame honteuse sur leurs exploits. Ensuite viennent les capitalistes qui sous prétexte d'accords commerciaux poursuivent la mise en tutelle du pays. Ils organisent une administration, une armée, non pour la protection du peuple comme ils le prétendent, mais pour son oppression. Ils construisent des ports pour faciliter l'embarquement des matières premières et permettre le débarquement de leurs produits manufacturés, ils établissent des chemins de fer pour créer des marchés dans l'intérieur des terres afin de pouvoir écouler leurs marchandises. Tout cela ne profite qu'aux capitalistes qui grâce à la spécialisation de l'ouvrier ont pu diminuer son salaire. En plus, ils se servent de la machine pour diminuer la valeur de l'ouvrier et le transformer en rouage de la machine.

Ainsi tout a concouru à provoquer un développement considérable du capitalisme industriel et financier.

⁂

Note de l'Agent Désiré du 3 mars 1925[1]

3e Leçon de l'École Communiste Coloniale

Vendredi 27 février 1925
de 21 H. 30 à 22 H. 30

LE COMMUNISME PRIMITIF

I° La Production. – L'homme avant d'être organisé était, comme l'animal, un être solitaire qui produisait juste ce qu'il lui fallait pour vivre. Il récoltait des légumes et des fruits pour sa nourriture, taillait des pierres pour s'en faire des instruments de travail avec lesquels il pêchait, chassait, etc... Dans les pays où le climat l'exigeait, il se confectionnait des habits.

Lorsque l'homme s'aperçut qu'il lui était difficile de se fabriquer tout ce qui lui était nécessaire, il comprit la nécessité de s'organiser, et il créa le système d'échange pour les marchandises, c'est-à-dire que le pêcheur donnait son poisson contre des légumes ou des fruits. Il en était ainsi pour tous les objets qui étaient nécessaires à l'existence de l'homme.

2° Commencement du capitalisme. –

a) L'origine des marchés. – Pour faciliter ces échanges entre les hommes, il se constitua bientôt des sociétés qui échangèrent entre elles leurs produits, et qui décidèrent que tel objet ne serait remis que contre tel autre, ou contre plusieurs autres. Ce fut le début du vol organisé.

Les plus habiles ne se contentèrent pas d'agir dans leur propre association, ils eurent l'idée de trafiquer de leurs produits avec des associations étrangères, et ainsi ils

[1] [ANS 21 G 27 (17).]

arrivèrent à des échanges fructueux (ces gens-là sont les pères du capitalisme actuel). De cette façon, plusieurs s'enrichirent et devinrent propriétaires du monopole commercial et possesseurs des moyens de production, d'où naquit le salariat.

b) Le salariat. – Il fallut un grand effort pour arriver à une production raisonnable, il fallut une organisation complexe et méthodique pour arriver à transformer les matières premières arrachées au sol en objets propres à la consommation. Pour cela ces capitalistes naissant employaient des hommes ne possédant que leur capacité de travail. Ils les payaient, ce sont les premiers ouvriers salariés. Ils n'étaient plus comme les anciens esclaves la propriété de leurs employeurs, théoriquement ils étaient libres, mais en fait ils étaient aux capitalistes parce que ceux-ci leur fournissaient les moyens de vivre.

La salle étant retenue pour une réunion du personnel de la Société des Transports en Commun de la Région Parisienne, la leçon a pris fin à 11 heures.

Ali est resté à la réunion et a même pris la parole pour faire appel aux sentiments communistes des coloniaux qui travaillent dans cette société et les inviter à se solidariser avec leurs camarades de la Métropole.

ANNEXE 7

La Guerre du Rif

Le Parti Communiste français unanime félicite Abd-el-Krim pour ses succès[1]

Le Ve congrès a souligné l'importance de luttes libératrices des peuples opprimés contre l'impérialisme mondial[2]. Partout ces luttes se développent en Chine, au Maroc. Le prolétariat mondial doit les soutenir. Pour la première fois, le Parti français prend position nette. Il rompt définitivement avec la position colonialiste négrière de la social-démocratie. Il continuera, à côté des peuples opprimés, à mener sa lutte jusqu'au triomphe de la Révolution dans le monde entier.

> « Groupe parlementaire, Comité directeur du Parti communiste, Comité national des Jeunesses communistes, saluent la brillante victoire du peuple marocain sur les impérialistes espagnols. Ils félicitent son vaillant chef Abd el Krim. Espèrent qu'après la victoire définitive sur l'impérialisme espagnol, qu'il continuera, en liaison avec le prolétariat français et européen, la lutte contre tous les impérialistes, jusqu'à la libération complète du sol marocain.
>
> Vive l'indépendance du Maroc !

---

[1] [*L'Humanité* (11 septembre 1924), p. 1, comportant le texte d'un télégramme envoyé à Abd el Krim le 10 septembre 1924 par Pierre Semard et Jacques Doriot au nom des Jeunesses Communistes après sa victoire face à l'armée espagnole.]

[2] [Le cinquième congrès du Komintern qui eut lieu en 1924.]

Vive la lutte internationale des peuples coloniaux et du prolétariat mondial.

Pour les organismes directeurs,

SEMARD, DORIOT. »

*   *   *

Le fameux « plan de repli », fixé par Primo de Rivera[1] à son armée opérant sur le littoral marocain, ne pouvant être que l'aveu d'une situation frisant déjà le désastre au moment où on le mettait en vigueur.

Aujourd'hui ce « repli » touche à sa fin, mais ce n'est certainement pas celle que le dictateur espagnol avait prévue. Les rodomontades de ce dernier, ses prudents communiqués n'enlèvent rien à la gravité de l'affaire et c'est bien une armée en déroute qu'Abd-el-Krim talonne sévèrement et accule soit à la reddition totale, soit, en cas de résistance, au massacre général ou à la noyade.

Toutes les tribus, qui, au fur et à mesure de l'avance d'Abd-el-Krim, se trouvent dégagées de l'emprise espagnole, rejoignent aussitôt le gros des forces marocaines et lancent, dans la poursuite à l'armée de Primo, de nouveaux contingents désireux de participer à la libération du territoire et heureux de la tournure d'événements qui vont permettre enfin à une importante partie du peuple marocain d'appliquer l'un des principaux points du programme wilsonien[2].

Les succès d'Abd-el-Krim intéressent le prolétariat des autres colonies et aussi des pays capitalistes, dans ce sens qu'ils confirment les thèses proposées par l'Internationale Communiste à son récent Congrès mondial au sujet des questions nationale et coloniale.

---

[1] [Dictateur espagnol dans les années 1920.]

[2] [Woodrow Wilson, Président des États-Unis à la fin de la première guerre mondiale, chercha à promouvoir le principe du droit à l'autodétermination des petites nations sans vouloir se heurter aux intérêts des grandes puissances colonialistes occidentales.]

Ainsi se justifie le principe de l'indépendance totale des peuples coloniaux et semi-coloniaux, principe basé sur l'accessibilité incontestable de ces peuples à l'exercice du pouvoir à leur profit et contre tous les impérialismes.

La grande figure du vainqueur marocain apparaît sous un jour qui nous plaît.

Certes, la presse bourgeoise ne manque pas de s'emparer de nos discours ou de nos écrits sur la question coloniale pour ameuter – quand elle le peut – contre nous, ceux-là mêmes qui ont des intérêts aux colonies et se sentent directement visés dans leurs « œuvres vives ». Et combien, dans le nombre des « colonisateurs », appartiennent, soit par leurs actes, soit par leur situation politique, à ce Cartel enfariné ? Combien même de députés social-démocrates ont aussi des intérêts dans les colonies et principalement au Maroc ? [...]

Aussi, il n'y a pas lieu de s'étonner de voir les social-démocrates approuver la politique du colonialisme à outrance et le Bloc des Gauches de continuer, comme le Bloc National, les expéditions guerrières en Syrie, au Maroc, etc. La social-démocratie n'a jamais goûté notre attitude à propos des colonies et nous n'aurons pas de pires adversaires qu'elle dans la liquidation révolutionnaire de l'empire colonial.

MacDonald[1] ne tient-il pas d'ailleurs à réfréner le mouvement séparatiste des Dominions anglais et, en plusieurs circonstances, n'a-t-il pas montré, pour les Indes et le Soudan par exemple, qu'il est l'ennemi déclaré de l'indépendance des peuples coloniaux ? MacDonald, en politique coloniale, est le digne valet des négriers britanniques comme Herriot et Blum[2] le sont pour ceux de France.

Et il n'est pas surprenant de constater que la presse du Bloc des Gauches n'enregistre pas les événements qu'à titre

---

[1] [Ramsay MacDonald, premier ministre britannique en 1924, le premier chef de gouvernement socialiste.]

[2] [Léon Blum, un des chefs du parti socialiste [SFIO], qui soutient le gouvernement de Herriot.]

d'information, ou de voir le *Peuple* continuer à parler d'une S.D.N. inexistante et à ignorer totalement la bataille acharnée qu'un peuple livre à l'impérialisme tout court.

La leçon d'Abd-el-Krim ne s'adresse pas seulement aux agresseurs de toutes nationalités, mais aussi à ces partisans de l'esclavagisme qui osent encore se réclamer de la classe ouvrière tandis qu'ils se taisent, par ailleurs, lorsqu'un peuple opprimé se délivre du carcan capitaliste et impérialiste.

Le Parti Communiste, lui, n'ignore point ces événements gros de conséquences, puisqu'ils précipitent l'accélération de la chute du régime capitaliste dont la classe ouvrière du monde entier entend se libérer.

Les colonies sont les piliers naturels sur lesquels repose la puissance capitaliste.

Celle-ci ne peut être ruinée que par la désagrégation de l'empire colonial.

C'est pour cette raison que le Parti Communiste français félicite Abd-el-Krim pour ses victoires sur l'impérialisme espagnol.

Article signé : P. Ferrand

UNION INTERCOLONIALE

(Association des Originaires de toutes les Colonies).

SIÈGE : 3, Rue du Marché des Patriarches - PARIS (V^e^)

AU PEUPLE DE PARIS !

“ L'UNION INTERCOLONIALE ”

Association des originaires de toutes les Colonies, sans distinction d'opinions politiques ou religieuses, fait appel à votre esprit de générosité et de justice, contre les crimes sans nombre qui sont perpétrés dans les possessions lointaines de la France. Ils salissent celle-ci, discréditent la République, et vous déshonoreraient si vous n'aidiez à y mettre un terme, car ils sont commis, ne l'oubliez pas, en votre nom comme au nom de la nation toute entière.

AUX COLONIAUX !

ANTILLAIS !

1793 et 1848 vous ont délivrés de l'esclavage antique, aujourd'hui les gouvernants, méconnaissant vos libertés, vous soumettent à l'esclavage moderne. Le suffrage universel est supprimé par la menace des cuirassés. Les fusils des gendarmes abattent les travailleurs revendiquant leurs droits.

INDOCHINOIS !

Le régime de l'indigénat vous ravale au rang des bêtes. En plein vingtième siècle, la colonisation vous inflige la gabelle. On supprime vos écoles, on empoisonne votre race avec l'alcool et l'opium. L'argent sué par le “nha-que” s'en va dans la poche des scribes ou dans le Pacifique.

MALGACHES !

Il y a moins de quarante ans, vous étiez un peuple libre. L'impérialisme vous a conquis par la violence, a livré les richesses de votre pays aux requins coloniaux, et il vous refuse le droit à l'assimilation que vous réclamez.

NORD-AFRICAINS !

Vos frères reveillés à la lutte sont en proie à la répression la plus féroce. A Bizerte, on fusille les grévistes; à Tunis on emprisonne les militants syndicalistes; en Algérie on expulse l'Emir Kaled, votre vaillant défenseur; au Maroc on se prépare à écraser les Riffains luttant pour leur indépendance.

SÉNÉGALAIS, DAHOMEENS !

Pendant la guerre, on a broyé du noir tant et plus. Aujourd'hui on continue à exploiter vos frères au profit des cotonniers du Niger. Ce sont les travaux forcés.

HINDOUS !

Nos camarades de l'Inde anglaise, poursuivant leurs aspirations, sont per-

[illegible] Manabendra Nat Roy en est expulsé.

PEUPLE DE PARIS !

Souvenez-vous que vos aînés en 1793 et en 1848 se sont soulevés en faveur des noirs opprimés.

ORIGINAIRES DE TOUTES LES COLONIES !

Groupez-vous au sein de **L'UNION INTERCOLONIALE**.

Venez tous, en masse, protester avec nous contre les violences du colonialisme, en assistant au

GRAND MEETING

qui aura lieu

DIMANCHE 29 MARS 1925 à 15 Heures

SALLE DES COOPÉRATIVES, 94, Boulevard Auguste Blanqui

ORATEURS INSCRITS :

HADJALI SAROTTE LAGROSILLIÈRE
SENGHOR-LAMINE LONG BLONCOURT
SAINT-JACQUES UN CAMARADE HINDOU

TRAMWAY : Châtelet - Arcueil Cachan, station Blanqui.
MÉTRO : station La Glacière.

ENTRÉE - Participation aux frais 50 centimes.

Notice de l'Union intercoloniale pour un « grand meeting ».
Lamine Senghor figure parmi les intervenants annoncés.
ANOM Slotfom 3, carton 3.

L'UNION INTERCOLONIALE

ASSOCIATION DES ORIGINAIRES DES COLONIES

SIÈGE : 3, RUE DU MARCHÉ-DES-PATRIARCHES, PARIS-Ve

Cher Monsieur et Camarade,

Des milliers de nos frères coloniaux (Sénégalais, Antillais, Nord-Africains, Indo-Chinois) sont de nouveau envoyés au Maroc pour sacrifier leur vie et assassiner les femmes et les enfants des Riffains qui défendent vaillamment leurs foyers.

Pour arrêter cette effusion de sang des travailleurs français, coloniaux et riffains, **pour exiger**

la Paix immédiate avec la République du Riff,

vous êtes prié d'assister au

MEETING

qui aura lieu

SAMEDI 20 ~~VENDREDI 12~~ JUIN, A 8 H. 30 DU SOIR

SALLE DE "L'UTILITÉ SOCIALE"

94, Boulevard Auguste-Blanqui (Métro : Glacière)

ORATEURS :

J. DORIOT P. VAILLANT-COUTURIER

Députés de Paris

Ng. THE TRUYEN	**HADJ ALI**	**M.-C. BLONCOURT**	**L. SENGHOR**
Annamite	Algérien	Antillais	Sénégalais

Amenez des Sympathisants !

Bien fraternellement à vous.

Le Président :

MAX-CLAINVILLE BLONCOURT.

"LE PARIA" EST L'ORGANE DES PEUPLES OPPRIMÉS DES COLONIES

Adresser les abonnements (5 francs par an) au 3, Rue du Marché-des-Patriarches, Paris-Ve

Affiche de l'Union intercoloniale contre la guerre du Rif.
Lamine Senghor figure parmi les intervenants annoncés.
ANOM Slotfom 3, carton 3.

ANNEXE 8

Dessins anticoloniaux

LE SORT DES COLONIAUX

Des coups de triques sur le champ de misère

Des balles sur le champ de bataille

Dessin paru dans *Le Paria*, III, 26 (juin 1924)

Dessin paru dans *Le Paria*, n° 24 (mars-avril 1924).

Le Paria, 3e année, nos 36 et 37 (sept.-oct. 1925)

ANNEXE 9

La Ligue contre l'impérialisme et l'oppression coloniale

Invitation

au Congrès International contre l'Oppression coloniale et l'Impérialisme

Le Comité d'Organisation du **Congrès International contre l'Oppression Coloniale et l'Impérialisme** à l'honneur de vous prier de prendre part au Congrès qui se tiendra

le 10 février 1927 à Bruxelles.

Les travaux des Commissions préparatoires commenceront déjà le 5 février.

Tous autres détails concernant le Congrès sont à votre disposition au Secrétariat du Congrès: M. Gérard, Avocat à la Cour, 20 Avenue Klauwaerts, Bruxelles.

Ordre du Jour du Congrès:

Le Comité d'Organisation propose au Congrès l'ordre du jour suivant:

1. La politique impérialiste coloniale, et ses conséquences sur les pays coloniaux et semi-coloniaux;

   Rapporteurs: Les représentants des pays opprimés et menacés par l'impérialisme:

2. Le mouvement de libération des peuples opprimés, et l'aide du mouvement ouvrier et des organisations avancées, dans les pays impérialistes;

   Rapporteurs: des représentants du Mexique, de la Chine, de l'Inde; des parlementaires anglais, français et allemands;

3. La cohésion du mouvement national de libération et du mouvement ouvrier, au sein des pays coloniaux et impérialistes;

4. Création d'une organisation mondiale permanente contre l'oppression coloniale et l'impérialisme, en vue de la concentration de toutes les forces des mouvements nationaux de libération, et du mouvement ouvrier dans tous les pays;

Le Comité Elargi du Congrès désignera d'une façon définitive les rapporteurs aux différents points de l'ordre du jour. Ce Comité Elargi commencera ses travaux le 5 février.

Les propositions d'amendements à l'ordre du jour, les résolutions, etc. doivent parvenir au Comité d'Organisation du Congrès, le 20 janvier au plus tard.

Les délégués doivent se faire connaitre au Secrétariat jusqu' au 20 janvier au plus tard.

Les frais de voyage et de séjour doivent être supportés par les délégués ou leurs organisations. Le Comité d'Organisation prie les organisations participantes, de contribuer dans la mesure de leurs moyens, aux frais généraux du Congrès.

Pour le Comité d'Organisation du Congrès International contre l'Oppression Coloniale et l'Impérialisme :

Mme le Dr. Sun Yat-Sen
Professor Koumengyu, **Chine**

Jawahar Lal Nehru, **Inde**

Mohamed Hafiz Ramadan Bey, **Egypte**

Dr. Ramon de Negri, Ministre de **Méxique**

Professor Théodor Lessing
Georg Ledebour
Willi Münzenberg, membre du Reichstag,
Allemagne

Henri Barbusse
Albert Fournier, député, **France**

George Lansbury, membre du Parlement
Saklatvala, membre du Parlement, **Angleterre**

Professor William Pickens
L'Evêque Wm Montgomery Brown
Roger Baldwin, **U. S. A.**

José Vasconcelos
Manuel Ugarte
Louis Casabona
César Falcón, **Amérique du Sud.**

Toute communication est à adresser jusqu'au 5 février 1927 à M. L. Gibarti, Secrétaire Général de la Ligue contre l'Oppression Coloniale, Berlin, Wilhelmstrasse 48.

Berlin, le 15 décembre 1926.

Invitation officielle au Congrès de Bruxelles de la Ligue contre l'impérialisme, décembre 1926.
IISH, archives LAI, dossier 1.

Discours de Max Bloncourt, délégué des Antilles[1]

Camarades,

Je ne voudrais pas et mes collègues antillais n'entendraient pas que le Congrès prit fin sans que je ne vous ai[e] apporté de leur part un salut fraternel et ne vous ai[e] exposé d'un mot quelle est la situation des camarades que nous représentons.

La France, l'impérialisme français jettent à la face de l'impérialisme anglais qu'il est le plus meurtrier de tous les impérialismes. Il prétend également que l'impérialisme espagnol a été d'une violence inouïe à l'égard de ses colonies. Et se prévalant de ses dires, il se tourne vers ses peuples opprimés et leur dit : « C'est nous qui savons apporter le plus de douceur dans nos méthodes de civilisation ». Notre présence à ce Congrès dément formellement de telles prétentions.

La Guadeloupe et la Martinique sont des pays, dont, pour la première fois, vous entendez peut-être parler. Elles sont soumises depuis trois siècles à l'oppression et les races que nous représentons ici ne sont pas les races autochtones et indigènes. Celles qui habitaient le pays où nous vivons aujourd'hui ont été victimes d'une violence inouïe. Ces populations ont été détruites. L'impérialisme français venu pour mettre en valeur les terres riches, et la main d'œuvre faisant défaut pour les mettre en valeur, s'est alors livré à un acte qui est une honte pour l'histoire humaine. Des hommes, sur les côtes d'Afrique, ont été ramassés comme du vulgaire bétail, vendus sur les marchés et c'est ainsi que nous nous sommes trouvés transportés aux États-Unis, aux Antilles. C'est ainsi que sur le territoire américain se trouvent 10 millions de nègres et dans les Grandes et Petites Antilles un nombre très important.

[1] [*La Voix des Nègres*, 1 [*sic*] (mars 1927). La version utilisée ici est celle des archives de la Ligue.]

Depuis ces trois siècles de soi-disant civilisation, la grande majorité de la population est privée d'instruction. La misère physique n'a nulle part son équivalent.

L'impérialisme français s'est livré à une machination. On a octroyé les droits politiques à ces populations, on les a poussées à la désignation de leurs représentants au sein d'un Parlement national. C'est une trahison, une duperie contre lesquelles nous nous révoltons. Car les consultations électorales sont faites sous la menace des mitrailleuses, des baïonnettes. À ces moments dans les eaux de nos Iles mouillent des cuirassés, des navires armés. C'est dans ces conditions que le peuple est appelé à exprimer sa volonté. C'est là une des violences commises contre les camarades au nom de qui je parle et qui s'ajoute à leur misère physique et à leur exploitation. Ils comprennent qu'ils sont victimes d'une machination et que jamais dans ces conditions ils ne pourront prétendre à l'égalité sociale avec les citoyens de la métropole. C'est une preuve pour eux qu'ils doivent chercher ailleurs et se diriger vers une autre voie, et il n'y en a qu'une : c'est l'union de tous les peuples opprimés contre l'impérialisme.

L'impérialisme français nous réserve peut-être un autre sort. Au cours de la guerre mondiale la France a contracté vis-à-vis des États-Unis l'énorme dette que vous connaissez. Ce fardeau de la dette menace de retomber sur les épaules des prolétaires français ; j'insiste sur le fait que cela n'ira peut-être pas tout seul. Aussi l'impérialisme français cherche d'autres moyens pour se tirer d'affaire. Après avoir trafiqué de la chair des esclaves noirs, il médite de trafiquer des Iles au profit des États-Unis. On en trouve des indices dans une série de manifestations : discours de personnalités ; vœux d'assemblées élues.

Notre position géographique vous indique suffisamment l'importance stratégique que nous représentons dans le monde. Nous sommes en face du canal de Panama, nous constituons une base navale et militaire. L'impérialisme américain sait de quelle importance sont pour lui la Guadeloupe et la Martinique et des tentatives ont été faites en vue de leur cession.

M. Fisch député au Parlement des États-Unis, le 10 février au moment de l'ouverture de notre Congrès, renouvelait les propositions tendant à se rendre acquéreur de ces îles. Il déclarait que les États-Unis étaient prêts à mettre jusqu'à dix fois la valeur de nos pays pour en obtenir la cession. Nous savons que l'impérialisme français n'est pas opposé à cette vente. Des manifestations se sont produites émanant d'organisations financières françaises. Nous connaissons des associations qui sont pour cette mesure. Il ne s'agit pas pour nous de nous prononcer pour tel ou tel impérialisme, de dépendre de l'un ou de l'autre. Impérialisme français ou impérialisme américain c'est semblable pour nous, mais nous disons que nous voulons profiter de toutes les circonstances pour réclamer notre indépendance. Il ne peut pas s'agir de passer du joug de l'impérialisme français sous celui de l'impérialisme américain. Tous deux se valent. Un exemple nous est fourni par notre aînée la République de Haïti. Après avoir vécu libre pendant plus de cent ans, à la faveur de la guerre mondiale, alors que Wilson proclamait le libre droit des peuples à disposer d'eux-mêmes, l'impérialisme américain portait atteinte à la souveraineté de Haïti. Nous marquons à nos frères de ce pays notre plus étroite solidarité.

Depuis dix ans des évènements se sont produits dans le monde. C'est parce que la Révolution russe a eu lieu que la Révolution chinoise est possible. Et c'est parce que celle-ci est triomphante de l'impérialisme anglais qu'il sera permis à l'Inde de réaliser son indépendance nationale.

Camarades, si quelque jour, dans votre inquiétude à suivre tout ce qui par le monde touche aux peuple opprimés, votre attention était retenue par les évènements de nos petits pays, souvenez-vous que nous aurons trouvé ici à vos côtés une précieuse source d'énergie pour les batailles que nous devrons livrer en vue de la réalisation de nos aspirations. (*Vifs applaudissements*.)

ANNEXE 10

Le discours anti-communiste dans le contexte colonial

Extrait d'un discours par Albert Sarraut, ministre des Colonies, fait à Constantine le 22 avril 1927[1]

L'insurrection coloniale, la perte ou l'abandon par la France de ses colonies est l'un des articles essentiels du programme de déchéance française dont l'exécution méthodique est impérieusement tracée par une influence étrangère aux affiliés français servilement courbés sous sa loi. Une logique rigoureuse ordonne à cet égard les desseins de la IIIe Internationale de Moscou. La France représente dans le monde la force morale la plus capable sans doute de résister victorieusement à l'entreprise universelle de désagrégation nationale et sociale d'où les dirigeants du Communisme moscovite espèrent faire surgir le nouvel impérialisme…

La colonisation a toujours été pour la France une création d'humanité, et si le colonisateur est en droit de retirer de son œuvre de légitimes avantages, la doctrine française considère qu'elle n'est pas simplement un enrichissement national, mais un enrichissement universel…

Avec son domaine d'outre-mer, la France est une nation de cent millions d'habitants, riche d'incomparables richesses. Sa force militaire, c'est-à-dire sa sécurité et son avenir économique, dépendent largement, dépendront plus largement encore demain de ce potentiel colonial. Voilà donc ce qu'il faut annihiler…

---

[1] [Cité dans Gustave Gautherot, *Le Bolchévisme aux colonies et l'impérialisme rouge*, Paris : Alexis Redier, 1930, p. 11.]

Pour le Gouvernement et le Parlement, comme pour les masses laborieuses, la devise, le mot d'ordre doit rester le même : *le Communisme, voilà l'ennemi* !

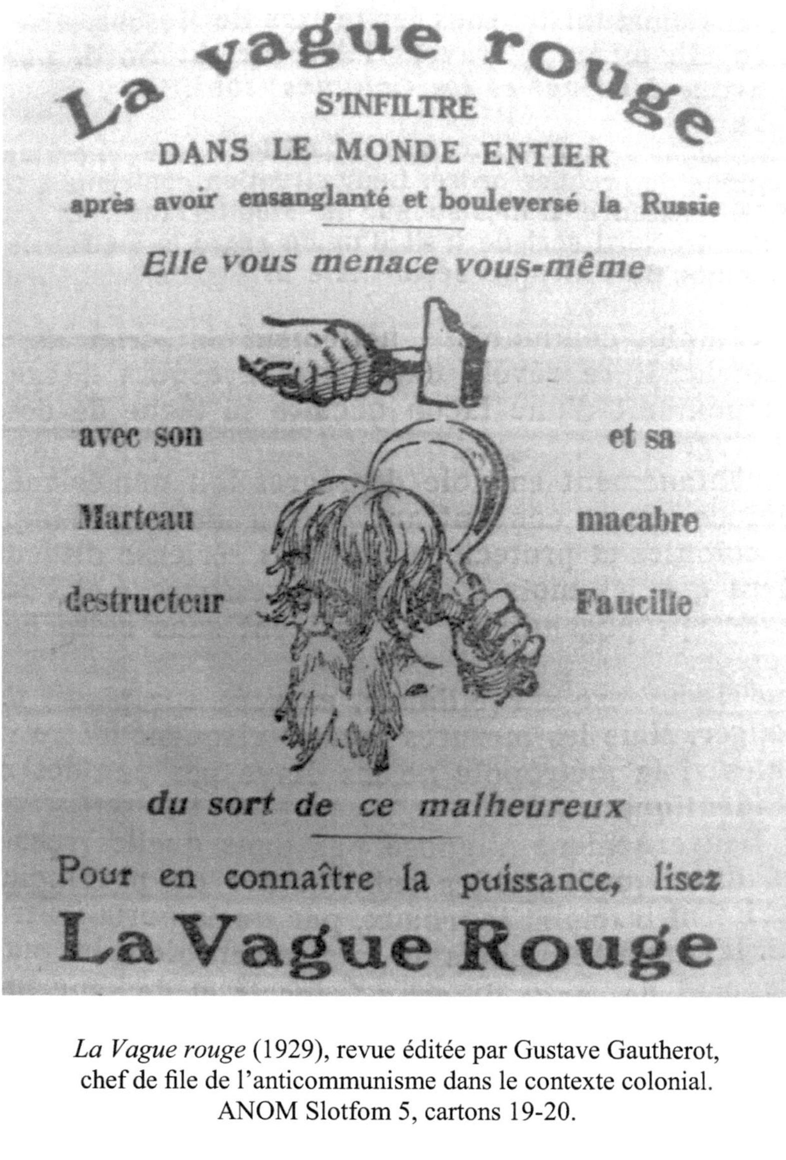

La Vague rouge (1929), revue éditée par Gustave Gautherot, chef de file de l'anticommunisme dans le contexte colonial. ANOM Slotfom 5, cartons 19-20.

Affiche de Chancel promouvant le livre de François Coty : *Contre le communisme. Le péril rouge en pays noir* (1931)
© ACHAC

ANNEXE 11

Nécrologies

Nécrologie [de Cheikh Amadou Bamba][1]

Le mardi 19 juillet 1927, à 19 heures, décéda à Diourbel (Sénégal), le très vénérable marabout Amadou Bamba M'Baké, à l'âge de 77 ans.

Poète fin et grand lettré arabe, il était érudit fondateur de la secte Mouriste [*sic*], il fut déporté au Gabon en 1895, en Mauritanie, à Souet-e-Mâ, en 1903. Il rentra successivement au Sénégal. À l'exemple d'Abd-El-Kader, cet homme, visé dans la lettre 117C du 29 décembre 1911, du Gouverneur général de l'A.O.F. William Ponty devint ami de la France, car les faibles savent toujours pardonner les torts qu'on leur cause. Il fut Chevalier de la Légion d'Honneur « pour collaboration au recrutement Diagne de 1918 ».

Que la famille du grand défunt trouve ici les sincères condoléances de la *Race Nègre*.

Article non signé

⁂

Nécrologie [de Diène Senghor][2]

Nous avons eu la douleur de perdre Diène Senghor, fils du Président de la Ligue, dans la nuit du 22 au 23 août, à Roquebrune-sur-Argens (Var).

---

[1] [*La Race Nègre* (septembre 1927), p. 6.]
[2] [*La Race Nègre* (septembre 1927), p. 4.]

La *Race Nègre* exprime ses condoléances les plus émues à la famille Senghor.

*　　*　　*

A l'enterrement de Diène Senghor, nos sections du Var et des Bouches-du-Rhône, la section marseillaise de l'Association des Indochinois, le parti politique de Senghor et le Club international des Marins ont témoigné leur sympathie à notre président en envoyant des délégations. Notre section du Var notamment y a apporté une couronne. Nous les remercions tous. Enfin, le secrétaire général de la Ligue a envoyé au nom de notre Association le télégramme suivant :

> Senghor, Président Ligue Race Nègre
> Roquebrune-sur-Argens (Var)
> Ligue s'associe douleur famille Senghor à occasion mort Diène. Présente condoléances profondément attristées.

Signé : Kouyaté

⁂

Lamine Senghor est mort[1]

Notre dévoué camarade Lamine Senghor vient de succomber à la suite d'une longue maladie contractée au service de l'impérialisme français, pendant la guerre du droit et de la civilisation.

Tous nos camarades connaissent les grands services rendus par Senghor à notre parti. Il s'était donné pour tâche d'éveiller ses frères coloniaux à la conscience de classe.

Jusqu'au jour où le mal aggravé lui interdit tout effort, Senghor se dépensa sans compter, sans souci de sa santé,

[1] [*L'Humanité*, 2 décembre 1927.]

n'ayant qu'un seul désir : lutter toujours davantage dans les rangs du parti communiste qui, seul, a inscrit dans son programme la libération totale des peuples coloniaux.

Son intervention au Congrès des peuples coloniaux à Bruxelles est présente à toutes les mémoires.

Ses obsèques civiles ont eu lieu dimanche dernier, à Fréjus, où notre camarade s'était fait tout dernièrement transporter.

Sur sa tombe, nos camarades Chargnioux, de la cellule de Saint-Raphaël, à laquelle appartenait Senghor ; Cacouault, au nom du rayon de Cannes, et Briday, au nom de la Région, retracèrent la vie de cet ardent militant qui n'hésita pas à sacrifier sa santé fortement ébranlée pour la défense de ses frères de race.

En Lamine Senghor disparaît un des meilleurs champions de l'affranchissement des peuples coloniaux opprimés par le capitalisme.

L'exemple de ce vaillant militant ne sera pas perdu. Les prolétaires feront triompher les nobles idées que le disparu a défendues avec acharnement.

Signé : P. Derigon, Secrétaire du Rayon de Cannes

⁂

La Ligue est en deuil : son très dévoué président SENGHOR LAMINE est mort[1]

L'an 1927 s'est clos en nous laissant des douleurs. Le 25 novembre 1927 mourait Senghor : le 29 décembre, René Boisneuf, ancien député de la Guadeloupe, conseiller général et maire de Pointe-à-Pitre. Notre pauvre race, encore une fois, a perdu deux de ses enfants lutteurs courageux, sincères, tenaces et loyaux.

---

[1] [*La Race Nègre* (mai 1928).]

Chacun connaît Senghor. Il était sénégalais, sérère de Kaolack. Il fit la guerre de 1915-1919. Ai-je besoin de rappeler ici ses faits d'armes, sa brillante conduite au front, son attitude lors des mutineries des tirailleurs sénégalais à Fréjus, ses démêlés avec des officiers parmi lesquels je retrouve le colonel Lame, commandant en 1917. Dirai-je tous les souvenirs du grand drame qu'il nous contait en souriant ? Non. Disons simplement qu'il quitta l'armée sergent et intoxiqué par les gaz. Libéré au Sénégal en 1919, il revint en France en 1922. À cette époque, il s'occupait fort peu de politique, avouait avec naïveté son ignorance là-dessus. Mais l'irritante question de sa race lui tenait au cœur, ce qui le décida à militer au sein de l'Union Intercoloniale, puis du Parti Communiste. Toutefois, le regrettable procès Diagne-Les Continents, en 1924, joua un rôle péremptoire dans sa vie politique jusque-là timide. Dès lors, on le vit déployer une énergie fiévreuse partout où il pouvait être utile à sa race.

En 1924, candidat du Parti Communiste aux élections cantonales de Paris (13e ar.), il obtint 965 voix. Il y eut ballotage. Mais Senghor ne se représenta plus, bien qu'ayant de sérieux chances de succès. Quelques semaines plus tard, à son domicile de la rue Myrrha, un nègre tirait sur lui deux coups de revolver et le manquait. Qui l'eût cru ? Tout le monde se souvient du retentissant discours de notre infortuné président au congrès de Bruxelles de février 1927. Il avait les traits mordants, les répliques rapides et incisives, des mots expressifs. On sait qu'à la suite de ce discours, Senghor a été arrêté à Cannes en mars 1927 et incarcéré à la prison de Draguignan pour un prétexte invraisemblable. À ce sujet, des députés de la Chambre des Communes, de la Chambre belge, du Reichstag, etc. membres de la « Ligue contre l'Impérialisme et pour l'Indépendance Nationale »[1] présentèrent à M. Poincaré, Président du Conseil, une pétition.

[1] [Lors du Congrès de Bruxelles, les délégués décident de changer le titre de la Ligue contre l'impérialisme et l'oppression coloniale en « Ligue contre l'impérialisme et pour l'indépendance nationale ».]

De voir Senghor avec une santé aussi débilitée, des poumons rongés par les gaz, son niveau intellectuel, on est déconcerté des services signalés qu'il a rendus à sa race ; on se demande comment il a pu endurer aussi longtemps une vie faite de tant de veilles, de luttes, de persécutions et de tracasseries policières. De corpulence forte, il était devenu un vrai lévrier. Le secret résida en ce que notre compatriote aimait sa race, tel un fanatique. Depuis 1926, son état de santé l'avait éloigné de Paris. Il s'installa à Roquebrune-sur-Argens (Var). Il revenait parfois dans la capitale nous rendre compte de son activité auprès de nos compatriotes de province, vérifiait la gestion du Bureau Central de la Ligue. Son dernier voyage date de juillet 1927. Sa santé était alors littéralement atteinte.

Senghor garda le lit plusieurs mois. Ses derniers moments furent assombris par la mort successive de son père et de son fils Diène. La tuberculose s'aggrava d'une paralysie générale du corps. Il se fit transporter à Fréjus et y perdit l'usage de la parole durant quarante-cinq jours. Mais à l'heure de rendre son âme, il fit un effort surhumain et articula quelques mots. Toutefois, il ne put parvenir au bout de sa pensée et mourut le 25 novembre à 11 heures du soir, âgé de 38 ans. Ses ultimes paroles confirment de façon définitive la sincérité et la foi de Senghor.

Des digressions sont nécessaires pour feuilleter quelque peu la courte vie politique de notre feu Président. Depuis 1923, Senghor avait sollicité son rapatriement au Ministère des Colonies. Ce dernier le lui refusa. On craignait que le communiste Senghor ne fît une propagande dangereuse parmi ses compatriotes. Puériles raisons ! L'imagination de l'homme est vraiment d'une étonnante hardiesse, néfaste à certains égards. Nos compatriotes savent que, sous la paille des mots Civilisation, Justice, Liberté d'aujourd'hui, il y a des réalités abominées. Ils sentent qu'au nom de la France on nous impose un régime voisin de l'esclavage. Mais ils ignorent que la France n'en sait rien. Le Ministère des Colonies a donc condamné Senghor à mort en l'obligeant, indirectement, à vivre ici. Bien plus, pénétré de négrophobie jusque dans ses moelles (le maréchal Oudinot en eût gémi[1]), il lança une poussière de policiers, souvent provocateurs, aux trousses de Senghor. On conçoit dès lors que celui-ci ait eu la haine de toute autorité d'oppression, qu'il ait mis tant de courageux dévouement au service de son parti, qu'il ait opposé la foi du militant à la force brutale. Il a échappé aux officiels que Senghor était farouchement africain, haineux même. Il apportait l'entêtement mystique de Polyeucte[2] au travail pour l'émancipation de sa race.

En faisant de Senghor son président, la Ligue a signifié qu'elle ne tolérerait aucune question de partis politiques en son sein. Ce fut un geste de défi aux snobs politiciens. Est-ce à dire qu'elle soit neutre ? Le moins du monde. Indépendance n'est pas neutralité. « Faire comme les autres » est la négation de tout effort dans la recherche de la vérité. *Senghor a compris le grand souci de la Ligue, lequel est de la maintenir dans la ligne de sa propre politique, en dehors de celle de tout parti politique.*

La politique coloniale française a un rare mérite. En supprimant toutes les libertés, elle laisse l'indigène s'encroûter dans l'hypocrisie et là, à l'instar d'une chrysalide, préparer son réveil, ruminer ses projets d'avenir pendant que ses maîtres se contentent d'idées toutes faites, vieilles comme le monde. *Le vaincu doit descendre en lui-même et chercher le remède à sa situation.* Cette politique de Gribouille atteint

---

[1] [L'auteur évoque ici le maréchal Nicolas-Charles Oudinot, l'un des chefs les plus réputés de l'armée de Napoléon Bonaparte, puisque le ministère des Colonies se trouve rue Oudinot à Paris ; on semble vouloir faire le contraste entre le courage du grand maréchal et les coups bas du ministère des Colonies contre les sujets coloniaux.]

[2] [Polyeucte de Mélitène fut un saint arménien, torturé et exécuté par les Romains en AD 259. On le connaît surtout grâce à la pièce éponyme de Corneille.]

de cécité mentale chronique a fait de Senghor un bon nègre, un sincère africain. Les Nègres se souviendront-ils de lui ? Je le promets, car les foules sont souvent ingrates. Senghor a fait son devoir. Après avoir brillamment servi la France pendant la guerre et contracté dans ce service une maladie qui devait l'emporter, il est mort soldat de sa race.

Nègres, notre compatriote, en mourant, a laissé une jeune famille. Faisons un grand effort de solidarité en faveur de Mlle Senghor[1].

Senghor, excuse-moi si cette pelletée de terre, dont tu comprendras les raisons du retard, n'a pris le poids de ce que je te dois.

Signé : La Race Nègre[2]

---

[1] Toutes les souscriptions en faveur de Mlle Senghor devront être adressées à M. le Trésorier de la Ligue, 43, rue du Simplon, Paris (18e). En caisse : 120 fr. Cette liste sera publiée au prochain numéro.

[2] [La plupart des critiques s'accordent à dire que l'auteur de cet article est sans doute Tiémoko Garan Kouyaté qui connaît le mieux Lamine Senghor et qui affectionne des références classiques comme celle faite à Polyeucte ci-dessus.]

TABLE DES MATIERES

COLLECTION
AUTREMENT MÊMES

Titres parus :

1. Lucie COUSTURIER, *Des inconnus chez moi*, présentation de Roger Little, avec une préface de René Maran, 2001 : ISBN 2-7475-0246-5
2. Armand CORRE, *Nos Créoles : étude politico-sociologique, 1890*, texte établi, présenté et annoté par Claude Thiébaut, 2001 : ISBN 2-7475-0301-1
3. MÉLESVILLE et Roger de BEAUVOIR, *Le Chevalier de Saint-Georges : comédie mêlée de chant en trois actes*, présentation de Sylvie Chalaye, 2001: ISBN 2-7475-0247-3
4. PIGAULT-LEBRUN, *Le Blanc et le Noir : drame en quatre actes et en prose*, présentation de Roger Little, 2001 : ISBN 2-7475-1547-8
5. Pierre MILLE, *Barnavaux aux colonies*, suivi d'*Écrits sur la littérature coloniale*, présentation de Jennifer Yee, 2002 : ISBN 2-7475-2144-3
6. Sophie DOIN, *La Famille noire*, suivie de trois *Nouvelles blanches et noires*, présentation de Doris Y. Kadish, 2002 : ISBN 2-7475-2569-4
7. Élodie DUJON-JOURDAIN et Renée LÉGER-DORMOY, *Mémoires de Békées : textes inédits*, texte établi, présenté et annoté par Henriette Levillain, 2002 : ISBN 2-7475-2798-0
8. CONDORCET, *Réflexions sur l'esclavage des nègres et autres textes abolitionnistes*, présentation de David Williams, 2002 : ISBN 2-7475-3702-1
9. Lucie COUSTURIER, *Mes inconnus chez eux*, t. 1 : *Mon amie Fatou, citadine* ; t. 2 : *Mon ami Soumaré, laptot*, suivi d'un *Rapport sur le milieu familial en Afrique occidentale*, présentation de Roger Little, avec des textes de René Maran et de Léon Werth, 2003 : ISBN 2-7475-4952-6 & 2-7475-4953-4
10. Lafcadio HEARN, *Esquisses martiniquaises*, 2 tomes, texte établi, présenté et annoté par Mary Gallagher, 2003 : ISBN 2-7475-5791-X & 2-7475-5792-8
11. AUTEURS VARIÉS, *Les* Ourika *du boulevard*, présentation et étude de Sylvie Chalaye, 2003 : ISBN 2-7475-5683-2
12. ANONYME, *Histoire de Moulay Abelmeula*, présentation de Roger Little, 2003 : ISBN 2-7475-5300-0
13. Lafcadio HEARN, *Un voyage d'été aux tropiques*, texte établi, présenté et annoté par Mary Gallagher, 2004 : ISBN 2-7475-7195-5
14. Anaïs SÉGALAS, *Récits des Antilles : Le Bois de la Soufrière,* suivis d'un *Choix de poèmes*, présentation d'Adrianna M. Paliyenko, 2004 : ISBN 2-7475-7461-X
15. Charlotte DARD, *La Chaumière africaine, ou Histoire d'une famille française jetée sur la côte occidentale de l'Afrique à la suite du naufrage de la frégate « La Méduse »*, présentation de Doris Y. Kadish, 2005 : ISBN 2-7475-8096-2
16. Roland LEBEL, *Le Livre du pays noir : anthologie de littérature africaine*, présentation de Jean-Claude Blachère, avec la collaboration de Roger Little, 2005 : ISBN 2-7475-8099-7
17. Edmond DESCHAUMES, *Le Pays des nègres blancs*, présentation de Jean-Marie Seillan, 2005 : ISBN 2-7475-8319-8
18. Robert RANDAU, *Le Chef des porte-plume*, présentation de János Riesz, 2005 : ISBN 2-7475-8947-1

38. Denise SAVINEAU, *La Famille en A.O.F. : condition de la femme. Rapport versé*, 2 tomes, textes choisis et présentés par Ieme van der Poel, 2006 : ISBN 2-296-01332-5 & 2-296-01333-3
20. Georges HARDY, *Une conquête morale : l'enseignement en A.O.F.*, présentation de J. P. Little, 2005: ISBN 2-7475-9297-9
21. Maurice DELAFOSSE, *Les Nègres*, présentation de Bernard Mouralis, 2005 : ISBN 2-7475-9375-4
22. María de las Mercedes de Santa Cruz y Montalvo, comtesse MERLIN, *Les Esclaves dans les colonies espagnoles* accompagné d'autres textes sur l'esclavage à Cuba, présentation d'Adriana Méndez Rodenas, 2006 : ISBN 2-296-01078-4
23. Jean d'ESME, *Épaves australes*, présentation de Dominique Ranaivoson, 2005 : ISBN 2-7475-9536-6
24. Ernest PSICHARI, *Carnets de route*, présentation de Jean-François Durand, avec la collaboration de Roger Little, 2008 : ISBN 978-2-296-05239-0
25. Baron ROGER, *Kelédor*, présentation de Kusum Aggarwal, 2007 : ISBN 978-2-296-02900-2
26. Gaspard Théodore MOLLIEN, *Haïti ou Saint-Domingue*, texte largement inédit, 2 tomes, présentation de Francis Arzalier, avec la collaboration de David Alliot et de Roger Little, 2006 : ISBN 2-296-01076-8 & 2-296-01077-6
27. Gaspard Théodore MOLLIEN, *Mœurs d'Haïti*, texte inédit, précédé du *Naufrage de la Méduse*, présentation de Francis Arzalier, avec la collaboration de David Alliot et de Roger Little, 2006 : ISBN 2-296-01584-0
28. Louise FAURE-FAVIER, *Blanche et Noir*, présentation de Roger Little, avec la collaboration de Laurent de Freitas, 2006 : ISBN 2-296-01092-X
29. Jean-Baptiste PICQUENARD, *Adonis* suivi de *Zoflora* et de documents inédits, présentation de Chris Bongie, 2006 : ISBN 2-296-00929-8
30. Armand DUBARRY, *Les Colons du Tanganîka*, présentation de Jean-Marie Seillan, 2006 : ISBN 2-296-01138-1
31. Jules BARBIER, *Cora, ou l'esclavage*, présentation de Barbara T. Cooper, 2006 : ISBN 2-296-01575-1
32. Olympe de GOUGES, *L'Esclavage des Nègres : version inédite du 28 décembre 1789*, étude et présentation de Sylvie Chalaye et Jacqueline Razgonnikoff, 2006 : ISBN 2-296-01137-3
33. Élodie *** & Irmisse de LALUNG, *Mémoires de Békées II : textes inédits*, textes établis, présentés et annotés par Henriette Levillain et Claude Thiébaut, 2006 : ISBN 2-296-01437-2
34. Marceline DESBORDES-VALMORE, *Les Veillées des Antilles*, présentation d'Aimée Boutin, 2006 : ISBN 2-296-01576-X
35. Anonyme, *La Mulâtre comme il y a beaucoup de Blanches*, présentation de John Garrigus, 2007 : ISBN 978-2-296-02778-7
36. Robert RANDAU, *Les Colons : roman de la patrie algérienne*, présentation de Raïd Zaraket, 2007 : ISBN 978-2-296-03924-7
37. René MARAN, *Félix Éboué, grand commis et loyal serviteur (1885–1944)*, présentation de Bernard Mouralis, 2007 : ISBN 978-2-296-03919-3

inédit, présentation et étude de Claire H. Griffiths, 2007 : ISBN 978-2-296-04322-0

39. Raymonde BONNETAIN, *Une Française au Soudan : sur la route de Tombouctou, du Sénégal au Niger*, présentation de Jean-Marie Seillan, 2007 : ISBN 978-2-296-04189-9
40. Léon-François HOFFMANN, avec la collaboration de Carl Hermann Middelanis, *Faustin Soulouque d'Haïti dans l'histoire et la littérature*, 2007 : ISBN 978-2-296-04185-1
41. Gaspard Théodore MOLLIEN, *Voyage dans l'intérieur de l'Afrique, aux sources du Sénégal et de la Gambie, fait en 1818*, présentation de Roger Little, 2007 : ISBN 978-2-296-04570-5
42. Gabriel MAILHOL, *Le Philosophe nègre et les secrets des Grecs, ouvrage trop nécessaire*, présentation de Romuald Fonkoua, 2008 : ISBN 978-2-296-05242-0
43. Christiane FOURNIER, *Homme jaune et femme blanche*, présentation de Marie-Paule Ha, 2008 : ISBN 978-2-296-05456-1
44. Charles DESNOYER et Jules-Édouard ALBOIZE DU PUJOL, *La Traite des Noirs*, présentation de Barbara T. Cooper, 2008 : ISBN 978-2-296-05804-0
45. Albert TRUPHÉMUS, *Les Khouan du Lion noir : scènes de la vie à Biskra*, présentation de Gérard Chalaye, avec la collaboration de Roger Little et de Louis Lemoine, 2008 : ISBN 978-2-296-05907-8
46. Gabrielle de PABAN, *Le Nègre et la Créole, ou Mémoires d'Eulalie D****, prés. de Marshall C. Olds, 2008 : ISBN 978-2-296-0737-0
47. Baron ROGER, *Fables sénégalaises*, présentation de Kusum Aggarwal, 2008 : ISBN 978-2-296-07036-3
48. Gabriel AUDISIO, *Trois hommes et un minaret*, présentation de Maria Chiara Gnocchi, 2009 : ISBN 978-2-296-10713-7
49. L'abbé GRÉGOIRE, *Écrits sur les Noirs*, présentation de Rita Hermon-Belot, avec la collaboration de Roger Little, 2009 : t. I : *1789-1808* : ISBN 978-2-296-08178-9 ; t. II : *1815-1827* : ISBN : 978-2-296-08179-6
50. AUTEURS VARIÉS, *Nouvelles du héros noir : anthologie 1769–1847*, présentation de Roger Little, 2009 : ISBN 978-2-296-08166-6
51. Aurore CLOTEAUX (pseudonyme d'Honoré de BALZAC et A. LEPOITE-VIN DE L'ÉGREVILLE), *Le Mulâtre*, présentation d'Antoinette Sol et Sarah Davies Cordova, 2009 : ISBN 978-2-296-09256-3
52. Alain Leroy LOCKE, *Le Rôle du Nègre dans la culture des Amériques*, présentation d'Anthony Mangeon, 2009 : ISBN 978-2-296-08433-9
53. Gustave de BEAUMONT, *Marie, ou l'Esclavage aux États-Unis*, présentation de Marie-Claude Schapira, 2009 : t. I : *Le Roman* : ISBN 978-2-296-09506-9 ; t. II : *Notes, Appendice, Annexes* : ISBN 978-2-296-09507-6
54. Albert TRUPHÉMUS, *L'Hôtel du Sersou : roman du Sud algérois*, suivi de documents inédits, présentation de Gérard Chalaye, avec la collaboration de Roger Little, 2009 : ISBN 978-2-296-09519-9
55. Clotilde CHIVAS-BARON, *La Femme française aux colonies*, suivi d'un choix de *Contes et légendes de l'Annam*, présentation de Marie-Paule Ha, 2009 : ISBN 978-2-296-09954-8
56. ANICET-BOURGEOIS et DUMANOIR, *Le Docteur noir : drame en sept actes*, présentation de Sylvie Chalaye, 2009 : ISBN 978-2-296-10734-2

57. Mme A. CASHIN, *Amour et Liberté : abolition de l'esclavage*, présentation d'Adrianna M. Paliyenko, 2009 : ISBN 978-2-296-10589-8
58. Louis de MAYNARD DE QUEILHE, *Outre-mer*, 2 tomes, présentation de Maeve McCusker, 2010 : ISBN 978-2-296-11061-8 & 978-2-296-11062-5
59. Hubertine AUCLERT, *Les Femmes arabes en Algérie*, présentation de Denise Brahimi, avec la collaboration de Roger Little, 2009 : ISBN 978-2-296-10756-4
60. Albert SARRAUT, *Grandeur et servitude coloniales*, présentation de Nicola Cooper, 2012 : ISBN 978-2-296-99409-6
61. Eugène PUJARNISCLE, *Philoxène, ou De la littérature coloniale*, présentation de Jean-Claude Blachère, avec la collaboration de Roger Little, 2010 : ISBN 978-2-296-11497-5
62. Léon-François HOFFMANN, *Haïti : regards*, présentation de Léon-François Hoffmann, avec la collaboration de Roger Little, 2010 : ISBN 978-2-296-11523-1
63. Paul BONNETAIN, *Au Tonkin, suivi d'extraits de sa correspondance et d'un choix de ses nouvelles*, présentation de Frédéric Da Silva, 2010 : ISBN 978-2-296-11660-3
64. Jean SERMAYE, *Barga, maître de la brousse : roman de mœurs nigériennes*, présentation de Jean-Claude Blachère, avec la collaboration de Roger Little, 2010 : ISBN 978-2-296-12067-9
65. Jean SERMAYE, *Barga l'invincible : roman de mœurs nigériennes*, présentation de Jean-Claude Blachère, avec la collaboration de Roger Little, 2010 : ISBN 978-2-296-12068-6
66. Gertrudis GÓMEZ DE AVELLANEDA, *Sab : roman original*, inédit en français, traduction d'Élisabeth Pluton, présentation de Frank Estelmann, 2010 : ISBN 978-2-296-12066-2
67. Louis ROUBAUD, *Viet Nam : la tragédie indochinoise*, présentation d'Emmanuelle Radar, 2010 : ISBN 978-2-296-12069-3
68. LECOINTE-MARSILLAC, *Le More-Lack, ou Essai sur les moyens les plus doux et les plus équitables d'abolir la traite et l'esclavage des Nègres d'Afrique en conservant aux colonies tous les avantages d'une population agricole*, présentation de Carminella Biondi, avec la collaboration de Roger Little, 2010 : ISBN 978-2-296-12967-2
69. Lieutenant-colonel Charles MANGIN, *La Force noire*, présentation du Col. Antoine Champeaux, 2011, ISBN 978-2-296-54759-9
70. *Le Combat pour la liberté des Noirs dans le* Journal de la Société de la Morale chrétienne *(1822-1834)*, présentation de Marie-Laure Aurenche, 2010, t. I : *1822-1825* : ISBN 978-2-296-12747-0 ; t. II : *1826-1834* : ISBN 978-2-296-12748-7
71. Georges SYLVAIN, *Cric ? Crac ! Fables de La Fontaine racontées par un montagnard haïtien*, accompagnées d'un CD de Fables créoles lues par Mylène Wagram, présentation de Kathleen Gyssels, avec la collaboration de Roger Little, 2011, ISBN 978-2-296-54485-7
72. Paul BONNETAIN, *En Guyane : Le Nommé Perreux* suivi de *Contes et nouvelles antillo-guyanais*, présentation de Frédéric Da Silva, 2012, ISBN 978-2-296-99388-4
73. Émile NOLLY, *Hiên le Maboul*, présentation de Jean-Claude Blachère, avec la collaboration de Roger Little, 2011 : ISBN 978-2-296-54363-8

74. Gaston JOSEPH, *Koffi : roman vrai d'un noir*, présentation de Lourdes Rubiales, 2012 : ISBN 978-2-296-
75. Honoré de BALZAC, sous le pseudonyme d'Horace St Aubin, *Le Nègre, mélodrame en 3 actes*, présentation de Sarah Davies Cordova et Antoinette Sol, 2011 : ISBN 978-2-296-56096-3
76. Marius-Ary LEBLOND, *Écrits sur la littérature coloniale*, présentation de Vladimir Kapor, 2012 : ISBN 978-2-296-55706-2
77. Louis LACOUR, *Pyracmond, ou Les Créoles*, présentation de Michelle S. Cheyne, 2012 : ISBN 978-2-296-96610-9
78. Xavier EYMA, *Les Peaux noires : scènes de la vie des esclaves*, présentation de Marie-Christine Rochmann, 2012 : ISBN 978-2-296-97007-6
79. Charles LAFONT et Charles DESNOYER, *Le Tremblement de terre de la Martinique : drame en cinq actes, suivi de documents inédits*, présentation de Barbara T. Cooper, 2012 : ISBN 978-2-296-96600-0
80. Maurice DELAFOSSE, *Broussard ou Les États d'âme d'un colonial, suivis de ses propos et opinions*, présentation de Jean-Claude Blachère, avec la collaboration de Roger Little, 2012 : ISBN 978-2-296-96643-7
81. Robert DELAVIGNETTE (sous le pseudonyme de Louis Faivre), *Toum*, présentation d'Henri Copin, avec la collaboration de Roger Little, 2012 : ISBN 978-2-296-99410-2
82. Julie GOURAUD, *Les Deux Enfants de Saint-Domingue*, suivi de Michel MÖRING, *L'Esclave de Saint-Domingue*, présentation de Roger Little, 2012 : ISBN 978-2-336-00205-7
83. Lamine SENGHOR, *La Violation d'un pays et autres écrits anticolonialistes*, présentation de David Murphy, 2012 : ISBN 978-2-336-00228-6

Les titres dont l'ISBN est incomplet sont sous presse.

Titres en perspective :

Abou Digu'en, *Mon voyage au Soudan tchadien*, présentation de Nimrod, avec la collaboration de Roger Little

Amédée de Bast, *La Tête noire*, présentation de Marshall C. Olds

Daniel Bersot, *La Vie au Congo : sous la chicote. Nouvelles congolaises*, présentation de Susanne Gehrmann

Paul Bonnetain, *De Paris au désert : voyages africains en Algérie et au Soudan*, présentation de Frédéric Da Silva

A. H. Canu, *La Pétaudière coloniale*, présentation de Boris Lesueur, avec la collaboration de Roger Little

Louis Cario et Charles Régismanset, *L'Exotisme : la littérature coloniale*, présentation de Patrick Crowley, avec la collaboration de Roger Little

André Chevrillon, *Les Puritains du désert*, présentation de Jean-François Durand, avec la collaboration de Roger Little

Adolphe Dennery, *Le Tremblement de terre de la Martinique* et Auguste Jouhaud, *Le Tremblement de terre de la Martinique*, présentation de Barbara T. Cooper

Louis-Archambault Dorvigny, *Le Nègre blanc*, présentation de Sylvie Chalaye

Camille Drevet, *Les Annamites chez eux*, présentation d'Emmanuelle Radar

Jean-François Ducis, *Abufar ou La Famille arabe*, présentation de Michel Poirson

Frédéric et Laqueyrie (pseud. de Jean-Baptiste Pelissier et Frédéric Dupetit-Méré), *Le Mulâtre et l'Africaine : mélodrame en 3 actes, à spectacle*, présentation de Marshall C. Olds

René Guillot, *Le Blanc qui s'était fait nègre*, présentation de Maria Chiara Gnocchi, avec la collaboration de Roger Little

Georges Hardy, *Ergaste ou la vocation coloniale*, présentation de J. P. Little, avec la collaboration de Roger Little

Auteurs variés, *Histoire du droit des Noirs en France (1685-1792) : recueil de textes commentés* par Pierre H. Boulle et Sue Peabody

Louis Timagène Houat, *Les Marrons, suivi d'autres textes sur le marronnage à Bourbon*, présentation de Françoise Sylvos, avec la collaboration de Roger Little

Louis Joseph Janvier, *Une chercheuse*, présentation d'Yves Chemla

Joseph Lavallée, *Le Nègre comme il y a peu de Blancs*, présentation de Carminella Biondi, avec la collaboration de Roger Little

Roland Lebel, *L'Afrique occidentale dans la littérature française*, présentation de Pierre-Philippe Fraiture

Marius-Ary Leblond, *Ulysse, cafre*, présentation de Jean-François Samlong, avec la collaboration de Roger Little

Toussaint Louverture, *Mémoires et autres écrits*, présentation de Nick Nesbitt

Louis Malleret, *L'Exotisme indochinois dans la littérature française*, présentation d'Henri Copin, avec la collaboration de Roger Little

Jenny Manet, *Maïotte*, présentation de Jacqueline Couti

Auteurs variés, *Nouvelles antillaises du XIXe siècle*, présentation de Lesley S. Curtis

Anonyme, *Oxiane, ou la révolution de Saint-Domingue*, présentation de Marshall C. Olds

René Pottier et Saad ben Ali, *La Tente noire*, présentation de Berny Sèbe, avec la collaboration de Roger Little

Ernest Psichari, *Terres de soleil et de sommeil*, présentation de Jean-François Durand, avec la collaboration de Roger Little

Henriette Reybaud, *Quatre romans antillais : Les Épaves, Marie d'Énambuc, Mme de Rieux* et *Sydonie*, présentation de Lesley S. Curtis

Victor Séjour, *Le Juif de Séville*, *La Tireuse de cartes* et *Le Mulâtre*, présentation de Lydie Moudileno

Thomas Tryon, *Recommandations amicales aux planteurs des Indes orientales et occidentales*, présentation de Daniel Carey

Anonyme, *Voyage de France à Saint-Domingue, à la Havane et aux États-Unis d'Amérique*, suivi d'un *Rapport des premiers événements arrivés à Saint-Domingue : textes inédits*, présentation de David Geggus, avec la collaboration de Roger Little

www.editions-harmattan.fr → Les Éditions → Collections → Autrement Mêmes

L'HARMATTAN, ITALIA
Via Degli Artisti 15; 10124 Torino

L'HARMATTAN HONGRIE
Könyvesbolt ; Kossuth L. u. 14-16
1053 Budapest

ESPACE L'HARMATTAN KINSHASA
Faculté des Sciences sociales,
politiques et administratives
BP243, KIN XI
Université de Kinshasa

L'HARMATTAN CONGO
67, av. E. P. Lumumba
Bât. – Congo Pharmacie (Bib. Nat.)
BP2874 Brazzaville
harmattan.congo@yahoo.fr

L'HARMATTAN GUINÉE
Almamya Rue KA 028, en face du restaurant Le Cèdre
OKB agency BP 3470 Conakry
(00224) 60 20 85 08
harmattanguinee@yahoo.fr

L'HARMATTAN CAMEROUN
BP 11486
Face à la SNI, immeuble Don Bosco
Yaoundé
(00237) 99 76 61 66
harmattancam@yahoo.fr

L'HARMATTAN CÔTE D'IVOIRE
Résidence Karl / cité des arts
Abidjan-Cocody 03 BP 1588 Abidjan 03
(00225) 05 77 87 31
etien_nda@yahoo.fr

L'HARMATTAN MAURITANIE
Espace El Kettab du livre francophone
N° 472 avenue du Palais des Congrès
BP 316 Nouakchott
(00222) 63 25 980

L'HARMATTAN SÉNÉGAL
« Villa Rose », rue de Diourbel X G, Point E
BP 45034 Dakar FANN
(00221) 33 825 98 58 / 77 242 25 08
senharmattan@gmail.com

L'HARMATTAN TOGO
1771, Bd du 13 janvier
BP 414 Lomé
Tél : 00 228 2201792
gerry@taama.net

655992 - Mai 2016
Achevé d'imprimer par
1livre.com
du rêve à la réalité !